农业现代化与城镇化道路探索丛书

城乡协调发展的实践探索

卢向虎 著

中国社会科学出版社

图书在版编目(CIP)数据

城乡协调发展的实践探索 / 卢向虎著. —北京：中国社会科学出版社，2018.5

（农业现代化与城镇化道路探索丛书）

ISBN 978-7-5203-1632-3

Ⅰ.①城⋯　Ⅱ.①卢⋯　Ⅲ.①城乡建设—研究—中国　Ⅳ.①F299.21

中国版本图书馆 CIP 数据核字（2017）第 295132 号

出 版 人	赵剑英
责任编辑	王　茵
特约编辑	范晨星
责任校对	朱妍洁
责任印制	王　超

出　　版	中国社会科学出版社
社　　址	北京鼓楼西大街甲 158 号
邮　　编	100720
网　　址	http://www.csspw.cn
发 行 部	010-84083685
门 市 部	010-84029450
经　　销	新华书店及其他书店

印　　刷	北京君升印刷有限公司
装　　订	廊坊市广阳区广增装订厂
版　　次	2018 年 5 月第 1 版
印　　次	2018 年 5 月第 1 次印刷

开　　本	710×1000　1/16
印　　张	15
插　　页	2
字　　数	158 千字
定　　价	59.00 元

凡购买中国社会科学出版社图书，如有质量问题请与本社营销中心联系调换
电话：010-84083683
版权所有　侵权必究

序

  党的十八大提出"四化同步发展"理念。党的十九大再次强调，要推动新型工业化、信息化、城镇化、农业现代化同步发展。长期以来，农业现代化是"四化同步发展"中的最短板，城市和乡村作为两个独立的系统，只有把农业现代化过程和城镇化过程结合起来协调发展，才能更好更快地弥补上这一短板。作者从2008年7月到2018年年初，先后在海南省三亚市委政研室、三亚市委党校、陕西省西咸新区工作，见证了三亚市"十一五"时期社会经济发展和生态环境建设的良性互动，以及陕西省"十二五"时期城镇化的快速推进，两地的探索实践对实现城镇与乡村协同进步、农业现代化与城镇化融合发展，具有一定借鉴意义。本书分析了我国农业现代化、城镇化的发展历程，总结了三亚"十一五"时期城乡经济社会发展成就和发展经验，介绍了陕西省"十二五"时期城镇化发展的主要做法以及陕西省各市县推进城镇化的具体经验。

  本书是在江泽林先生的具体指导下完成的，江泽林先生在此期间曾先后任海南省委常委、三亚市委书记和陕西省委常委、副省长、陕西西咸新区管委会主任，作为亲历者，熟知具体情况，对书稿的成稿提出了诸多宝贵意见，在此表示衷心感谢。鲁雯雪参与书稿第一章初稿撰写，一并致谢。

卢向虎

2018年4月30日

目 录

第一章 中国农业现代化与城镇化的实践发展 …………(1)

 第一节 农业现代化在中国的实践 ……………(1)

  一 农业现代化的含义 …………………………(1)

  二 农业现代化的基本特征 ……………………(4)

  三 中国农业现代化进程 ………………………(9)

 第二节 城镇化在中国的实践 …………………(18)

  一 城镇化的含义 ………………………………(18)

  二 新型城镇化的基本特征 ……………………(20)

  三 中国城镇化进程 ……………………………(26)

 第三节 农业现代化与新型城镇化协调发展 ………(32)

第二章 海南省三亚市的实践探索（2005—2010） ………(37)

 第一节 三亚实践的总体情况 …………………(37)

 第二节 支撑要素分析 …………………………(53)

  一 经济发展（支撑要素之一） …………………(53)

  二 生态环境（支撑要素之二） …………………(64)

三　民生改善(支撑要素之三) …………………………(69)
　　四　文化科技发展(支撑要素之四) ………………………(78)
　　五　社会稳定(支撑要素之五) …………………………(82)
　　六　城乡居民收入(支撑要素之六) ………………………(90)
第三节　三亚的具体做法 ……………………………………(93)
　　一　以文明生态村为综合创建载体,加快社会
　　　　主义新农村建设 ……………………………………(94)
　　二　以重点项目建设为抓手,加快推进
　　　　城市化进程 …………………………………………(97)
　　三　着力打造文化旅游产业,逐步构建三亚
　　　　现代产业体系 ………………………………………(99)
　　四　加快社会事业发展,积极构建和谐三亚 ……………(105)
　　五　勇于创新,追求卓越,坚持不懈地改善
　　　　投资环境 ……………………………………………(108)
　　六　加强社会治安综合治理,狠抓平安
　　　　三亚建设 ……………………………………………(110)
　　七　加强党的建设,不断提高执政能力 …………………(111)

第三章　陕西省的实践探索(2010—2015) ……………………(116)
第一节　陕西城镇化发展现状、主要做法
　　　　(2010—2015) ………………………………………(116)
　　一　陕西城镇化发展现状分析 ……………………………(116)
　　二　主要做法 ………………………………………………(118)

第二节　陕西省各地城镇化实践案例…………………（122）
　　一　西安市高陵县………………………………（122）
　　二　咸阳市礼泉县………………………………（127）
　　三　咸阳市乾县…………………………………（133）
　　四　延安市吴起县………………………………（136）
　　五　榆林市靖边县………………………………（140）
　　六　榆林市子洲县………………………………（145）
　　七　安康市岚皋县………………………………（146）
　　八　安康市紫阳县………………………………（148）
　　九　商洛市商州区………………………………（155）

附录一　三亚统筹城乡全面建设小康社会
　　　　总体思路……………………………………（161）

附录二　三亚科学发展实现历史跨越………………（175）

附录三　三亚市获得市县经济和社会发展指标考核
　　　　"四连冠"纪实………………………………（180）

附录四　三亚经济社会指标"五连冠"背后的
　　　　成长脉络……………………………………（188）

附录五　三亚经济和社会发展指标考核全省
　　　　"六连冠"启示录……………………………（196）

**附录六　三亚 17 年执着创卫　成海南第一个
　　　　国家卫生城市**……………………………………（207）

**附录七　西咸新区三年强基础 创新城市
　　　　发展方式**………………………………………（214）

第一章 中国农业现代化与城镇化的实践发展

第一节 农业现代化在中国的实践

一 农业现代化的含义

农业现代化是一个动态概念,即由传统农业向现代农业转变的过程,目的是把传统农业改造成现代农业。从长期的过程来看,也就是农业不断现代化的过程,包括不断用现代工业装备、用现代科学技术成果、用现代经营理论和管理方式、用现代信息系统和社会化服务体系、用现代生态环境要求支持农业发展的过程。由于社会生产力和科学技术发展水平的提升,学术界对现代农业和农业现代化的认识逐步深化,农业现代化的内容逐渐丰富。

20世纪50年代,人们主要从农业技术和生产方式变革的角度理解现代农业和农业现代化,农业现代化被概括为机械化、水利化、化学化和良种化或机械化、电气化、水利化和化肥化"四化"。

20世纪80年代改革开放初期，人们主要从科学化角度理解现代农业和农业现代化，增加了基础设施和经营管理等内容，认为农业的生产管理应建立在生态科学、系统科学、生物科学、经济科学和社会科学的基础上，农业现代化被概括为农业基本建设现代化、农业生产技术现代化和农业经营管理现代化"三化"。

20世纪90年代中后期，在全面推行改革开放、建立社会主义市场经济体制的背景下，农业和农村经济持续高速增长，学术界广泛吸收国内外的发展经验，主要从农业发展的基本要素、经营方式和组织制度变革的角度理解现代农业和农业现代化，增加农民生活消费、农业经济结构和农业资源环境等内容，农业现代化被概括为农民生活消费现代化、农业经济结构现代化、农业基础设施现代化、农业科学技术现代化、农业经营管理现代化和农业资源环境现代化"六化"。

20世纪90年代后期以来，农业在国民经济中所占比重下降，国内、国际农产品市场竞争压力增强，学术界不再把农业孤立地当作一个部门或一个产业，从农业自身的发展出发对农业现代化进行分析和说明，而是立足整体国民经济，跳出农业研究农业现代化，把农业现代化看作一个系统工程，从农村、农业与其他相关社会经济方面的相互关系中研究农业发展问题。农业现代化不仅包括农业生产过程的机械化、水利化和电气化等，还应涵盖生产技术、生产工具、生产结构、生产服务和管理制度等各个方面。在生产技术上，采用大规模现代生产工具和生产方法，广泛应用现代科学技术；在生产工具上，大幅提高农业生产率，广泛应用现代农业机械和各种农机具；在生产结构上，从单一的农业经济向农产品深加工、商业贸易、第三产业等综合性经济结构转变；在生产服务上，在整个农业生产、流通、销售的环节形成完整系统的分工，形成比较完善的产前、产中、产后社会化服务体系；在管理方式上，运用科学管理方法，建立新型经营体系，以集约化、专业化、组织化和社会化为特征，在一定程度上实现农业生产的标准化、流程化，极大提升了运作效率。

当前，在创新、协调、绿色、开放、共享五大发展理念的指导下，中国的农业现代化内涵得到创新性拓展，形成了富有中国特色的农业现代化：一是转变农业发展方式，加快农业科技和体制创新，努力在农业科技研发上取得突破，达到世界先进水平，取得一批重大成果。二是完善农业产业体系，补齐农业农村短板，推动城乡协调发展，特别是通过农业基础设施建设，改善农村硬件环境，加强城乡之间的联系。三是推动农业绿色发展，注重资源保护和生态修复，化解自然风险，减轻资源压力。四是统筹利用国内国际两个市场、两种资源，提升中国农业竞争力，赢得参与国际市场竞争的主动权。五是激发农民创新创业活力，促进农民收入持续较快增长，缩小城乡差距，让广大农民平等参与现代化进程、共同分享现代化成果。

二 农业现代化的基本特征

中国地域广阔，可利用的农业资源较为丰富，但是人均农业资源稀少，难以满足农业现代化生产需求。以耕地和淡水资源为例，根据2008年公布的第二次全国农业普查结果，中国耕地面积为12177.59万公顷，农业生产经营户约2亿户，户均耕地面积仅为0.61公顷；根据每年的水利部水资源公报，中国的淡水资源总量约为28000亿立方米，占全球水资源的6%，但是人均占有量仅有约2500立方米，占世界平均水平的25%。而且，中国农户数量多、农业经营规模小，机械化程度较低，农业生产力水平还不高，具有典型的"大国小农"特点，限制了农业现代化的发展。

综合考虑基本国情、社情、农情，中国在实现农业现代化的过程中走出了一条中国特色的农业现代化之路。2007年，党的十七大报告提出"走中国特色农业现代化道路"的指导方针。现阶段中国农业现代化的特色主要体现在：一是坚持和完善以家庭承包经营为基本形式的农业经营制度，加快构建以农户家庭经营为基础的新型农业经营体系；二是在保障农产品供给的前提下，提高资源利用率和农业综合效益，从主要依靠自然资源向主要依靠资金、技术等要素转变，从千家万户小生产向规模化、集约化转变；三是逐渐打破城乡二元结构的束缚，统筹兼顾农民增收和农村劳动力转移，加快农业转移人口市民化；四是把转变农业经营方式与完善社会化服务、建立健全市场体系相结合,构建新型农村市场运行机制;五是坚持经济效益、生态效益、社会效益的有机统一,走资源节约型、环境友好型的可持续农业发展道路;六是因地制宜,农业现代化发展多样化,各地区根据农业、农村、农民的现实状况,灵活选择实现农业现代化的模式。

具体来说,中国农业现代化呈现以下十个基本特征:

一是科技化。农业现代化关键在于科技进步,即不断用先进的农业技术代替落后的农业技术,以促进农业生产力的发展。新技术、新材料、新能源的出现为传统农业改造提供了有利的条件。2015年中国农业科技进步贡献率超过56%,标志着中国农业发展已从过去主要依靠增加资源要素投入进入主要依靠科技进步的新时期。中国农业现代化要按照增产增效并重、良种良法配套、农机农艺结合、生产生态协调的原则,加快构建适应高产、优质、高效、生态、安全农业发展要求的技术体系。

二是机械化。农业机械是发展现代农业的重要物质基础,农业机械化是农业现代化的重要标志,即运用先进适用的农业机械装备农业,改善农业生产经营条件,以不断提高农业生产技术水平和经济效益、生态效益。2010年中国农作物耕种收综合机械化水平超过50%,标志着中国农业生产方式已经由以人畜力为主转变为以机械化作业为主,进入农业发展的新阶段。2016年中国农业综合机械化率已经超过65%,但这一水平与发达国家还有很大差距,大型农机远未普及。要以农业机械化支撑和引领农业现代化，进一步突破薄弱环节，推广先进适用农机化装备和技术，推动农机装备总量增长和结构优化，大幅度提高粮棉油糖等作物田间机械化水平，促进养殖业、林果业、渔业、设施农业及农产品初加工业机械化协调发展，争取2020年农作物耕种收综合机械化水平达到70%，基本实现机械化。

三是信息化。信息化是农业现代化的重要支撑，农业生产经营信息化是农业现代化建设的重要内容。信息社会的到来，为农业农村信息化发展提供了前所未有的良好环境。信息化融入农业现代化，表现在农产品生产、加工、流通、消费各个环节，以及政府部门的相关管理和服务中。中国农业现代化要重点推进物联网、云计算、移动互联、3S等现代信息技术和农业智能装备在农业生产经营领域的应用，引导规模生产经营主体在设施园艺、畜禽水产养殖、农产品产销衔接、农机作业服务等方面探索信息技术应用模式及推进路径，建设农业综合服务信息平台，推动农业产业升级。

四是集约化。集约化相对于粗放化而言，是实现农业现代化的根本途径。农业现代化实质上是在土地集约利用基础上以机器生产代替手工劳动的过程，农业现代化的基本条件是农业增长方式从粗放经营向集约经营转变。中国农业现代化要摒弃传统的粗耕简作，密集投入现代科技和人力资本、现代信息、现代服务、现代发展理念、现代装备设施等创新要素，提高单位面积土地上要素的投入强度和质量，优化要素组合，提高要素利用效率。

五是专业化。专业化是推进农业现代化的重要保障。专业化是相对于兼业化，特别是"小而全""小而散"的农业经营方式而言。农业专业化包括农业生产经营或服务主体专业化和农业区域专业化，旨在顺应现代农业要求，更好地通过深化分工协作，形成"小而专、专而协"的农业经营格局，建设优势农产品产业带、产业区，促进农业现代化发展。中国农业现代化既要因地制宜地集聚优势农业产业，形成专业化的产业布局，又要把产业链、价值链等现代产业发展理念和组织方式引入农业，推广"公司+农户"、股份合作制、农场制等专业化的农业生产新形式，形成"龙头企业+基地+农户+标准化"的大农业格局，建立以专业化生产和标准化生产为依托的新型农业生产体系。

六是组织化。组织化是农业现代化的要素之一。农业生产经营组织化是相对于分散化而言，包括新型农业生产经营主体或服务主体的发育及与此相关的农业组织创新，农业生产经营或服务主体之间横向联合和合作，农业产业链分工协作和纵向一体化三个方面。提高组织化程度，不仅可以降低农业交易成本，提升农民的市场谈判地位，同时还能增强农民抵御自然、社会、政策、市场等风险的能力。中国农业现代化要发展农民专业合作组织，加快构建以农户家庭经营为基础、合作与联合为纽带、社会化服务为支撑的立体式复合型现代农业经营体系；培育农业产业链核心企业，增强农业产业链、价值链的整合能力，带动农业产业链、价值链升级，促进涉农三次产业融合发展。

七是社会化。农业社会化服务是农业现代化的典型标志。农业社会化服务体系包括为农业生产和农民生活提供社会化服务的相关组织机构、管理体制和运行机制。构建覆盖全程、综合配套、便捷高效的多元新型的社会化服务体系是实现农业现代化的重要支撑。农业社会化顺应了农业产业链一体化的趋势，强调农业发展过程的社会参与和农业发展成果的社会分享。一方面，农业社会化以专业化为基础，随着农业产业链主要驱动力由生产环节向加工环节以及流通等服务环节转移，农业生产性服务业对现代农业产业链的引领支撑作用不断增强。另一方面，农业社会化增加了提高农业组织化程度的必要性和紧迫性，提高农业组织化程度，可以避免农业产业链的利益分配过度向加工、流通、农资供应等产前、产后环节倾斜，有利于保护农业生产环节的利益，提高农业综合生产能力和可持续发展能力。

八是市场化。市场化是农业现代化的动力和灵魂。农业现代化要面向市场组织生产，就要强化市场改革导向，推动供给侧改革。一方面，调整农业政策和农业结构，以提高农产品供给的有效性，增强市场配置资源的决定性作用，增加适销对路的农产品生产，做强生产、加工、储藏、包装、流通、销售各环节，打造全农业产业链，发挥一二三产业融合的乘数效应，提高农业质量效益，加快中国农业现代化之路。另一方面，减少财政补贴等行政化手段，国家对农业发展的指导由主要依靠行政手段转向政策引导、法律规范和经济手段调控，适当采用农业保险等市场化手段对农业进行扶持。

九是知识化。农民是农业现代化的主体，农业现代化要求农民具备适应现代农业的文化知识和技能水平，农民知识化是实现农业现代化的前提。随着经济文化发展，中国农民的思想、文化、科技、心理和身体素质都有了很大的提高，实现农业现代化要进一步从根本上克服愚昧落后的思想，加强智力开发，加快培育新型职业农民，提高农民的综合素质，尽快形成一支高素质农业生产经营者队伍，担当起现代农业建设的历史重任。

十是绿色化。中国农业发展面临耕地质量下降、农业环境污染日益加剧的问题，化肥和农药的使用量居高不下且效率较低。这种生产方式难以长久保障粮食安全，不可持续。中国农业现代化要遵循可持续发展原则，发展绿色农业，减少农药化肥等农资的用量，要用科技手段解决重金属污染、白色污染、畜牧污染、秸秆还田等问题，保护和改善农业生产环境，用更加绿色的生产方式生产无污染、安全、优质的农产品，在农业现代化过程中建立起良好的农业生态系统。

三　中国农业现代化进程

农业现代化既是农业生产发展到一定历史阶段的产物，也是国家现代化的基础和支撑。按世界农业现代化进程标准来衡量，发达国家从18世纪末19世纪初就开始了农业的现代化历程，到20世纪70年代基本完成农业现代化。中国农业现代化历程起始于中华人民共和国成立后，大致经历了探索起步、曲折发展、快速发展、健康发展、可持续发展五个阶段，从20世纪80年代中期中国农业已经从整体上进入了现代农业阶段，经过30多年的发展，农业现代化水平不断提升，但是与西方发达国家相比还有较大差距。

（一）探索起步阶段（1949—1957年）

这一阶段中国农业发展较快较稳定，农业现代化开始了初步实践。1949年全国的工农业总产值为466亿元，其中农业的比重占到70%，中华人民共和国成立前后的土地改革运动，解放了农村生产力，极大地激发了农民从事农业生产的积极性，使农业生产迅速恢复和发展，为中国农业现代化奠定了基础。到1952年，农业生产达到中国历史上最高水平。但是，当时中国的农村经济基本上是小农家庭经济，农户分散众多，农业生产技术十分落后，使得农业增产有限，也不利于国家的计划管理。为了促进农业高速发展，从农业中积累资金用于工业化建设，1953年到1956年，国家对农业实行社会主义改造，按照自愿互利的原则，从农业互助组、初级农业生产合作社到高级农业生产合作社逐步推进，通过典型示范引导农民走社会主义道路。1953年12月，中共中央制定了《关于发展农业生产合作社的决议》，开始推进农业合作化，增加农业产出。1956年，农业合作化进入高潮，全国加入合作社的农户达到农户总数的96.3%，基本实现了农业合作化。"一五"计划时期，1957年农业生产任务按计划完成。但因受自然灾害影响，粮棉等增产有限。

在合作化运动广泛开展的同时，国家积极创办集体化农业，1950年，农业部提出在关内试办国营农场，到1952年11月，全国机耕农场、地方国营农场等发展到3856个，到1956年，又新建大型农牧场115个，集体化农业促进了农田水利基本建设和农业机械化水平的提高，为农业现代化积累了建设经验。

（二）曲折发展阶段（1958—1978年）

这一阶段中国农业发展缓慢，农业现代化经历了曲折徘徊。1957年10月，《1956—1967年全国农业发展纲要（修正草案)》公布，"大跃进"首先从农业开始，生产计划指标不断修改提高，引发了对农村经济形势的错误估计，掀起了规模空前的农田水利建设行动。为了解决农田水利建设和地方工业发展带来的农村劳动力紧张的问题，小型生产合作社很快合并成大型农业合作社，进而转化成"人民公社"。人民公社不仅是农业经济组织，还是农、林、牧、副、渔全面发展，工农商学兵五位一体的社会基层组织，改变了农村基层组织结构。1958年8月，北戴河会议（政治局会议）通过了《关于在农村建立人民公社问题的决议》，农业生产资料集体所有，统一经营、统一核算，以高指标、瞎指挥、浮夸风和"共产风"为主要标志的"左"倾错误滋长蔓延。1958年8—10月，公社化席卷全国,到11月初,入社农户占全国农户总数达到99.1%。由于管理体制方面的弊端,人民公社持续了半年左右就陷入困境。1958年11月到1959年3月,党中央在郑州、武昌、上海等地连续召开四次重要会议,针对种种问题调整了农村政策。1959年的庐山会议中断了纠正"左"倾错误的工作,各地又一次掀起了"大跃进"高潮,再次造成农村的混乱局面。1960年,人民公社的政策问题得到修正,但人民公社作为农村基本制度和基层政权保留下来,存在长达20多年。这套高度集中的农业生产组织和管理体制使国家实现了对农业生产、农产品消费和分配的全面计划控制,但是由于超越了生产力的实际水平,没能达到使农业快速发展的目的,1957—1962年,农业发展遭遇严重挫折,出现负增长。1962年1月,扩大的中央工作会议(七千人大会)召开,初步总结了"大跃进"中的经验教训,采取了一些经济和政治措施,国民经济得到了恢复和发展。1964年农业现代化在《政府工作报告》中首次被突出地摆到了第一位,农业生产慢慢恢复。1962—1966年,农业发展开始回升,增产25%。随着1966年"文化大革命"爆发,打乱农村生产秩序,农业产量、农业生产总值又开始不断下降。

这两个时期,除了"大跃进"及以后几年农业的发展有所下降,农业的产值和产品数量在大多时候保持稳定增长,1978年的粮食产量比1949年增长1.7倍,经济作物和林、牧、副、渔各业及社队企业都有所增长,三门峡水库、荆江分洪工程、官厅水库、十三陵水库等一大批水利工程修建,农业机械大量投入使用，农业技术、化学肥料、农村用电得到发展，高产稳产田增加，为后来农业的迅速发展打下了良好的基础。同时，中国制定的一系列有关农业、农村和农民的政策制度都优先服从和服务于发展重工业现代化的需要，如对农副产品实行统购统销、对工农业产品的价格实行剪刀差、严格控制农村人口进入城市等，对农业发展产生了一些影响，也达到了预期的目的，推动农业为国民经济作出巨大贡献，有效地为全国工业化和现代化发展积累了资金。据统计，1952—1978年，农业为国家工业化提供了高达3400亿元的资金积累。

（三）快速发展阶段（1979—1991年）

这一阶段中国农业发展重新步入正轨，改革农业经济体制，探索中国特色的农业现代化道路，农业现代化快速发展。十一届三中全会调整国民经济比例，着重讨论了农业问题，制定了《关于加快农业发展若干问题的决定》。这一阶段的农村和农业改革主要包括提高对农业的投入，特别是加快农业科技进步，发展生物化学技术；出台了一系列发挥市场机制的农业政策，如放开农产品价格、农产品流通体制改革、发展农村商品经济等；发展乡镇企业，吸纳农村劳动力，壮大集体经济；实行以家庭联产承包为主的农业生产责任制，建立统分结合的双层经营体制，废除一大二公的人民公社旧体制，激发了农业的内在动力。农村经济体制的新框架逐步搭建，农业发展实现了一个飞跃，1978—1984年，农业出现了超常规的快速增长，总产值从1253亿元增加到3214亿元，扣除物价上涨因素，增长了69%，迅速扭转了中国农业落后、农村贫穷的状况，基本解决温饱问题，提前实现了现代化发展"三步走"战略的第一步。1985年以后，家庭联产承包按人口均田承包的劣势逐渐显现，中国农业的发展出现波折和徘徊，影响了"三步走"的第二步。1990年，中央及时提出农业改革发展的"两大飞跃"，一是实行家庭联产承包，二是适应科学种田和生产社会化的需要，发展适度规模经营，发展集体经济，为农业现代化进一步指明方向。农业改革成果得到巩固和发展，农业向专业化、市场化、现代化转变。

（四）稳定发展阶段（1992—2012年）

党的十四大确立了社会主义市场经济体制的改革目标，使农业和农村经济的发展建立在一个新的起点上。市场经济条件下的农业是弱势产业，需要给予保护，国家出台了一系列政策，如税收政策、财政转移支付等，加大对农业的支持和保护力度。为了解决农产品生产和市场的矛盾，1992年9月，国务院发布了《关于发展高产优质高效农业的决定》，明确提出要以市场为导向，继续调整农业产业结构，加快高产优质高效农业的发展。1996年出台《中共中央、国务院关于"九五"时期和今年农村工作的主要任务和政策措施》，强调贸工农一体化、农业产业化在农业商品化、产业化、现代化中的作用。党的十六大后，农业现代化的重点转移到统筹城乡发展、逐步改变城乡二元经济结构上来，一方面农业现代化与工业化、城镇化的联系更加紧密，通过加快工业化、城镇化进程，推动农村劳动力向非农产业和城镇转移，另一方面统筹推进城乡改革，建立城乡统一的教育、就业、户籍制度，促进城乡共同发展。2008 年是中国农村改革 30 周年，2008 年 10 月，《中共中央关于推进农村改革发展若干重大问题的决定》发布，系统回顾总结了我国农村改革发展的光辉历程和宝贵经验，认为经过 30 年改革发展，我国总体上已进入以工促农、以城带乡的发展阶段，进入加快改造传统农业、走中国特色农业现代化道路的关键时刻，进入着力破除城乡二元结构、形成城乡经济社会发展一体化新格局的重要时期。党的十七大以后，农业发展重点继续推进统筹城乡发展、破解城乡二元结构，促进城乡一体化发展，还关注水利建设、农业科技创新等农业发展的薄弱环节。

这一阶段的农村和农业改革主要包括：不改变家庭联产承包责任制，1993 年 7 月八届人大二次会议通过的《中华人民共和国农业法》确立了家庭联产承包责任制的法律地位；建立与社会主义市场经济体制相适应的农产品流通体制；推进农业结构战略性调整，面向市场优化品种、优化布局，提高加工转化水平，大力发展高产、优质、高效农业；融农产品生产、加工、运输、营销为一体，发展产业化经营，提高农业生产的组织化程度；因地制宜，立足于整个土地资源，加强农业区划工作，促进农业综合开发；坚持科技、教育兴农，紧抓技术创新、技术推广和农民科技文化素质提高等环节，使农业和农村经济发展真正转向主要依靠科技进步和提高农民素质的轨道上来；促进农业国际化，按照加入世贸组织协议的要求，对有关农产品贸易的国内市场准入、国内支持和出口补贴等进行了大幅度改革，降低农产品平均关税，我国已成为世界上农产品关税总水平最低的国家之一；建设"生产发展、生活宽裕、乡风文明、村容整洁、管理民主"的社会主义新农村，提高农民收入，改善农业生产条件和农村居住环境。实施强农惠农富农政策、增加农业补贴和农村投入、探索城乡一体化发展体制机制。

随着改革的深入推进，农村人口流动性增强，农民分工分业加快，农业生产集约程度提高，农业现代化取得巨大的成就。中国农业增加值占世界农业增加值的比重迅速上升，成为世界第一农业生产大国。按 2000 年美元价格计算，1990 年中国农业增加值占世界总量比重达到 9.14%，低于美国，居世界第二位；到 2000 年中国农业增加值占世界总量比重上升至 16.5%，相当于美国的 1.89 倍；到 2011 年中国农业增加值占世界的比重达到 25.3%，比印度、日本、美国三国总和还多。

（五）可持续发展阶段（2013 年以来）

党的十八大确立了"四化同步"的战略部署，农业现代化是四化同步发展中的最短板；全面建成小康社会，农业农村是最难点。为更好更快地弥补农业农村发展短板，2014 年、2015 年、2016 年连续三年中央 1 号文件聚焦农业现代化，强调农业可持续发展。随着经济发展步入新常态，我国农业农村发展已进入新的历史阶段，农业的主要矛盾由总量不足转变为结构性矛盾，突出表现为阶段性供过于求和供给不足并存，矛盾的主要方面在供给侧,必须顺应新形势新要求,坚持问题导向,调整工作重心,深入推进农业供给侧结构性改革,加快培育农业农村发展新动能,开创农业现代化建设新局面。2017年中央1号文件主题是"农业供给侧改革",明确了深入推进农业供给侧结构性改革、加快培育农业农村发展新动能的思路。农业供给侧改革应创新体制机制,推进科技进步,优化农业产业体系、生产体系、经营体系,加快实现农业向提质增效、可持续发展转变,探索中国特色农业现代化道路。

一是立足农业资源不足的实际,建立粮食生产功能区、重要农产品生产保护区、特色农产品优势区,提高农产品的供给能力和供给质量,健全中国特色现代农业生产体系。

二是立足农民数量众多的实际,推进产业融合,提升全产业链价值,让农民在更多环节分享收益、增加收入,健全中国特色现代农业产业体系。

三是立足农业经营规模小的实际,加快服务社会化、生产区域化、产业集中化,提高我国农业规模效益和竞争力,健全中国特色现代农业经营体系。

从全球发展经验看,农业增加值占整个GDP的10%是国民经济的转折点。2014年,我国农业增加值58332亿元,增长4.1%,占国内生产总值的比重为9.2%,首次低于10%。2015年,我国农业增加值60863亿元,比上年增长3.9%,占国内生产总值的比重为9.0%。2016年,我国农业增加值63671亿元,增长3.3%,占国内生产总值的比重为8.6%。由此,党的十八大以来我国农业迎来新的发展阶段。党的十九大报告明确实施乡村振兴战略，2018年中央1号文件对实施乡村振兴战略进行全面部署，标志着我国农业发展进入新时代。在新的时代，农业现代化面临新矛盾新问题，更需要落实新的发展理念，形成新的发展思路，推进农业可持续发展。

第二节 城镇化在中国的实践

一 城镇化的含义

城镇化是现代化的必然要求和重要标志，既是经济结构转型升级的过程，也是社会结构转型升级的过程。按照联合国和经济合作组织的标准，发达国家的城镇化人口比例和非农就业比例都很高，城镇化水平实际成为区分发达国家和发展中国家的重要标准之一。

城镇化来源于1867年西班牙工程师A. Serda在其著作《城镇化基本原理》中开始使用的Urbanization一词，1970年代后期中国学术界引入Urbanization并广为流传。"城市化"与"城镇化"两个词作为"Urbanization"的中译，几乎同时出现，在概念上引发了争议。国家"八五"计划中首次出现"城市化"一词，但"城镇化"既突出了"城"（直辖市、副省级城市、地级市和县级市），也涵盖了"镇"（建制镇），更能揭示中国五个行政层级的城镇体系特征和城镇协调发展诉求。2001年国家颁布"十五"计划纲要，第一次把城镇化作为国家战略，提出"大中小城市和小城镇协调发展的多样化城镇化道路",在强调"发展小城镇是推进我国城镇化的重要途径"的同时,要"完善区域性中心城市功能,发挥大城市的辐射带动作用"。城镇化从此成为五年计划和全国党代表大会报告的必要内容。

城镇化直接表现为农村人口向城镇集中,其核心是产业向城镇集聚,结果是社会资源向城镇集合。在城镇化过程中,随着产业结构升级,农业比重的下降,非农产业比重的上升,产业向城市集中,带动整个经济重心向城市转移。人口作为生产的主体也发生转移,农村人口比重减少,农民成为产业工人或以其他方式成为城市居民。转移的人口往往具有较高的产业素质和文化水平,促进了就业结构以及生产、生活方式等变化,使社会活动重心向城镇转移,扩大了教育、医疗、卫生等公益服务的需求,吸引社会资源向城镇集合。

中国在城镇化实践中不断丰富城镇化的内涵。改革开放以来,随着内外部发展环境的深刻变化,传统粗放型的城镇化模式呈现出诸多弊端,对提升城镇化发展质量提出了新要求。2002年党的十六大报告首次提出"走中国特色的城镇化道路",2012年党的十八大提出"坚持走中国特色新型工业化、信息化、城镇化、农业现代化道路,到2020年城镇化质量明显提高"。同年年底中央经济工作会议首次提出"走集约、智能、绿色、低碳的新型城镇化道路"。2013年十八届三中全会进一步指出,"完善城镇化健康发展体制机制,坚持走中国特色新型城镇化道路,推进以人为核心的城镇化","形成以工促农、以城带乡、工农互惠、城乡一体的新型工农城乡关系,让广大农民平等参与现代化进程、共同分享现代化成果。"

新型城镇化是以城乡统筹、城乡一体、产城互动、节约集约、生态宜居、和谐发展为基本特征,工业化、信息化、城镇化、农业现代化"四化"协调互动,大中小城市、小城镇、新型农村社区协调发展、互促共进的城镇化新路径。在创新、协调、绿色、开放、共享五大理念的引领下,新型城镇化与传统城镇化更具现实针对性:一是坚持创新发展,在关键领域和重要环节,如户籍制度、土地制度、就业制度、财税制度、投融资制度、社会保障制度等方面加大改革力度,使城镇化释放出创造需求和供给的巨大潜力;二是坚持协调发展,优化城镇空间布局,引导劳动力等生产要素在区域间和城乡间合理流动,使人口分布与经济布局更加协调,缩小区域、城乡以及城市内部的差距;三是坚持绿色发展,提高能源、原材料使用效率,加强节能减排工作,加大生态环境保护力度,推动资源节约和环境友好;四是坚持开放发展,培育在全球化发展中具有综合竞争力的城市群,全面提升中国国际竞争力;五是坚持共享发展,在城镇化建设中牢固树立改善民生的质量意识,推进基本公共服务均等化,让城乡人民共享发展成果。

二 新型城镇化的基本特征

与传统城镇化相比,新型城镇化主要体现在两个转变上,一个是城市发展方式的转变,即由过去"摊大饼"式发展向限定城市边界、培育城市群、组团式发展转变；一个是城市发展重心的转变，即由过去在城镇化中重物轻人、土地城镇化快于人口城镇化向以人为核心的高效、包容和可持续的新型城镇化转变。具体来说，新型城镇化呈现十个基本特征：

一是以人为本的城镇化。新型城镇化必须坚持以人为本，这是由城镇化的动力机制决定的。城镇化的动力从根本上来源于生产力的发展，生产力发展与产业升级和非农化与城镇化是一个历史过程的两个方面。现阶段我国社会的主要矛盾是推进城镇化的强大动力，即落后的社会生产与人民日益增长的物质文化需要之间的矛盾。城镇化是不断满足和扩大社会日益增长的物质文化需求的重要支持。

二是优化布局、集约节约高效的城镇化。城镇化是经济、文化、人力资本、信息技术等社会资源在城市集合的过程，必然有利于节约集约资源利用，提高资源利用效率。《国家新型城镇化规划（2014—2020年）》指出，"优化布局、集约高效"是新型城镇化一个基本原则。改革开放以来，中国在城镇化快速发展过程中也积累了一些问题，集中表现为土地城镇化快于人口城镇化。据统计，中国土地城镇化速率与人口城镇化速率的比值，1990—2000年是1.71倍，2000—2010年上升到1.85倍。由此，有人认为城镇化导致浪费土地、浪费资源。我们认为，这恰恰是传统城镇化"见物不见人"带来的弊病。究其原因，主要是我们在人口、土地等方面的制度改革滞后于经济社会发展，导致在城镇化发展中没有实现相应农村人口的迁移落户和农村土地的有效集约利用。目前中国人均占有耕地仅为世界平均水平的 43.26%，土地资源十分紧缺，且工业化和城镇化的快速发展对土地、水、能源等资源需求不断增加，资源供需矛盾日益尖锐。因此，必须根据资源环境承载能力构建科学合理的城镇化宏观布局，优化城市内部空间结构，促进城市紧凑发展，实现资源集约节约利用。

三是基本公共服务均等化的城镇化。基本公共服务均等化是指政府为全体社会成员提供与经济社会发展水平相适应的、能够体现公平正义原则的基本公共产品和服务，是人们生存和发展最基本条件的均等，简而言之，就是人人都能享受到公共服务，享受服务的机会是平等的。实现基本公共服务均等化是维护公民基本权利、共享改革发展成果、实现社会公平正义的重要途径，也是新型城镇化的重要特征。

四是产城互动融合的城镇化。新型城镇化建设要坚持"产业为基、就业为本"。产业是城市发展的支柱和动力源泉，城市是产业发展的载体和依托，两者相辅相成、相互促进、不可分割。产城互动融合就是将产业功能、城市功能、生态功能融为一体、良性互动、共同发展，这是新型城镇化建设的应有之义和必然选择。改革开放以来，随着城市化的快速发展，城市人口集聚膨胀，城市规模不断扩大，交通拥堵、城市环境污染等各种城市病日益突出，城市生活质量急剧下降，"摊大饼"的城市发展方式迫使城市居民向城郊迁移，一些地方出现"空城""睡城"，产生了"产"和"城"分离现象。在这样的背景下,"产城互动融合"理念应运而生。实现产城互动融合发展,要在城镇化建设中优先考虑就业导向、职居平衡,将城市生活半径与就业半径相结合。在城市规划中,从资源环境、区位特点和解决就业出发,统筹考虑产业与就业,"集约、集群、集成"发展产业,加强产业—社区型城市建设,增强产业集群和居民生产生活配套服务功能,减少交通和环境压力。

五是城乡一体发展的城镇化。早在2008年中央一号文件就提出要"形成城乡经济社会发展一体化的新格局",推进以人为核心的城镇化是促进城乡一体化的重要手段。城乡发展一体化是当代居民追求现代服务和田园生态兼容的美好新生活的根本途径。新型城镇化是城镇与乡村这两个不同质的经济社会单元和人类聚集空间,在一个相互依存的区域范围内,谋求协调共生、互动相融、融合发展的过程。实质上就是要统筹城乡发展,协调推进工业化和农业现代化,促进公共资源在城乡之间均衡配置、生产要素在城乡之间自由流动,推进城乡基本公共服务均等化,从根本上打破城乡"二元"经济结构,缩小城乡差距,改变农村落后面貌,推动城乡经济社会发展融合。

六是"四化同步"的城镇化。党的十八大确立了"四化同步"的战略部署。新型城镇化就是要打破城乡二元经济结构,实现城乡要素资源自由流动,促进"四化同步"协调发展。城镇化是伴随工业化发展、非农产业在城镇聚集、农业人口向城镇集中的自然历史过程。工业化发展为城镇提供更多的就业岗位，为城镇化发展创造条件；城镇化发展又为工业化提供了发展空间。工业化的发展将反哺农业，带动和装备农业现代化；农业现代化为工业化提供原材料，并为城镇居民提供生活资料，是工业化和城镇化发展的基础。这就实现了工业化和城镇化良性互动，城镇化和农业现代化相互协调。信息化是城镇化、工业化发展到一定历史阶段的产物，城镇化对信息化有推动作用，信息化对城镇化有带动作用。信息化作为技术手段，能有效地将工业化、城镇化、农业现代化进行深度融合，促进传统产业的升级和生产方式的改变，是实现新型城镇化目标的重要技术措施。因此，新型城镇化要坚持"四化同步"，以信息化来引领带动，实现"四化"深度融合发展。

七是绿色、生态、宜居的城镇化。新型城镇化目的是实现"城市让生活更美好"，《国家新型城镇化规划（2014—2020年）》提出要实现"城市生活和谐宜人"的发展目标。建设绿色、生态、宜居的新型城镇化，有利于调整优化空间布局，全面促进资源节约，有利于加大自然生态系统和环境保护力度，加快建立系统完整的生态文明制度体系，有利于形成节约资源和保护环境的空间格局和产业结构，提高发展的质量和效益。新型城镇化要求科学把握资源承载力和环境容量的度，以遵循自然规律为准则，以绿色科技为动力，倡导生态文明建设，实现城镇化与资源利用、环境保护相协调，是循环经济指导下的、资源集约型的城镇化，是一种生态型、智慧型、内涵式、可持续的城镇化。目前，世界上已有200多个城市先后提出了低碳城市、绿色城市等口号，绿色、生态、低碳成为今后城市发展的基本要求。

八是传承历史文化的城镇化。新型城镇化要让人记得住乡愁，必须注重人文城市建设，发掘城市文化内涵，保存城市文化记忆，强化文化传承。因此，新型城镇化建设必须增强历史文化魅力，对传统文化取其精华、去其糟粕，推动历史文化与现代城镇建设融合发展。

九是促进区域协调发展的城镇化。城镇化本质上即人口、资源、环境等各要素间的组合与交互作用，是一个动态的过程，其结果体现为城镇和城镇体系的形成。经济的持续发展，促进了城乡之间特别是城镇之间各要素的流动和组合，加速了彼此联系和产业化分工，推动了区域整体发展。但是，在传统城镇化推进过程中，各城镇以自我发展为主，竞争有余，合作不足，城镇之间缺乏更有成效的统筹和协调，存在着产业无序竞争、资源浪费、同质化发展等问题，影响了区域协调健康发展。因此，新型城镇化必须致力于促进和实现区域协调发展。

十是创新城市社会治理的城镇化。十八届三中全会提出"推进国家治理体系和治理能力现代化""创新社会治理体制"。"治理"取代"管理"，标志着中国治国方略的重大转型。创新城市社会治理是新型城镇化持续健康发展的重要保障，是城镇化发展到一定阶段的必然要求。新型城镇化为社会治理提供了实践载体，社会治理也推动着城镇化向经济社会各要素综合协调互动、健康和谐有序方向发展。

三 中国城镇化进程

中国的城镇化进程起点低、起步晚。中华人民共和国成立之前的城镇化历史，起步于19世纪中叶洋务运动时期，在长达近一个世纪的时间里，由于战争、革命、社会动荡以及各种运动，城镇化进程十分缓慢。1949年，中国的城镇人口数量5766万，城镇人口比重占10.6%，相当于英国1850年的城镇化水平，仅有136座规模不等的大中小城市及2000多个县城和建制镇，城市和城市经济很不发达。

1949年中华人民共和国成立以来，城镇化经历了一个曲折的发展过程，大致经历了初始、停滞、恢复发展、加快发展、新型城镇化五个阶段。其间有两个重要转折点：一是改革开放，开启了中国现代意义上的城镇化进程，改革开放以前，中国城镇化发展缓慢，改革开放以来，城镇化以人类历史上从未有过的规模快速发展，中国成为当前世界上城镇化速度增长最快的国家之一；二是党的十八大，开启了新型城镇化进程。具体可以分为以下几个阶段：

（一）城镇化初始阶段（1949—1960年）

新中国成立初期，土地改革使农业生产效率明显提升，为城镇化奠定了基础。同时，国家开展大规模经济建设，启动一大批新建、扩建工业项目，展开对一批老工业城市的改造，激发了劳动力需求，吸纳了大量农民进入城市和工厂就业，推动城市人口持续增加，城镇化迅速发展。1949年至1957年，这一阶段主要由城市建设推动城镇化发展。至1957年，中国城市数量达到176座，比1949年中华人民共和国成立初期增长1.6倍，平均年增长12.42%；城镇人口数量9949万，平均年增长7.06%；城镇化率为15.39%，比1949年提高4.75个百分点，年均提高0.59个百分点。1958年至1960年，国家对经济形势的错误估计开始发动"大跃进"运动，农村劳动力非正常地向非农产业和城市转移，中国城镇数量、城镇人口和城镇化率迅速提高，1960年，城镇人口由1957年的9949万增加到13073万，城镇化率由1957年15.39%提高到19.75%，年均提高1.45个百分点，出现了高速的城镇化过程。

（二）城镇化停滞阶段（1961—1977年）

这一阶段工业建设是城市发展的重中之重，政府开始严格控制城市规模。自1958年开始，国家实行的严格户籍管理制度，开始形成严格的城乡二元制度，农村向城市的人口流动被严格限制。特别是1960年代初期，精简、下放260余万城市人口到农村的同时，又陆续撤销一批城市，劳动力发生向农业的"逆向转移"，1961—1963年有1300多万人由城市返回农村，同时农村非农劳动力也大量返回农业生产，城镇化率由1960年的19.7%下降到1963年的16.8%。自1964年开始在工业建设方面推行的"三线建设"，从客观上起到了调整工业地区分布的作用，但阻滞了基建投资对城镇建设的促进作用。再加上严重的自然灾害，"大跃进"后中国经济出现严重困难，城乡经济衰退，城镇数量和城镇化率迅速下降。至1965年，城市数量已减少到171座，城镇化率下降到17.98%，下降了近两个百分点。1966—1976年"文化大革命"时期，经济发展严重受损，城镇化与国家其他各行业类似，发展基本停滞。1968年开始的知识青年和城市职工、干部下乡运动，使城市大批人口下放到农村。据统计，"文化大革命"期间动员到农村插队落户的知识青年约2000万，连同下放的城镇干部、职工以及家属等，总人数约为3000万。十多年间，中国城镇化水平没有提高，城镇化率在17.5%左右徘徊，1977年的城镇化率为17.55%，甚至低于1965年的城镇化率。总的来看，城镇化率由1960年的19.8%下降至1978年的17.9%，年均下降0.1个百分点，城镇人口增长速度缓慢，尽管一些城市的规模有较大的扩张，但主要是人口自然增长率高。

（三）城镇化恢复阶段（1978—1991年）

1978年12月，十一届三中全会掀开了农村经济体制改革的序幕，伴随着农村家庭联产承包责任制改革的普遍推行以及农副产品收购价格大幅提高，1978—1984年中国农业连续6年高速增长，农村的乡镇企业以及小城镇发展迅速，旧有的"城市搞工业，农村搞农业"的二元格局被打破，农村体制改革和农村工业化推动城镇化发展。1980年国务院批准实施"控制大城市规模、合理发展中等城市、积极发展小城市"的基本方针，为改革开放以来的城镇发展定下基调。1985—1991年，城市体制改革和制造业的快速发展推动城镇化发展。1984年10

月，十二届三中全会通过的《中共中央关于经济体制改革的决定》标志着中国进入了以城市为重点的经济体制改革阶段。政府继续采取严格控制大城市扩张和鼓励发展中小城市特别是小城镇发展的城镇化政策，使小城镇和农村集镇得到迅速发展，也避免了大城市过分膨胀所引起的诸多问题。同年，实施户籍管理制度改革，允许农民自带口粮进城务工经商和进城落户，推动了城镇人口特别是大城市人口的快速增长；调整了60年代以来的建制镇标准，全国城镇数量迅速增加，城镇化水平整体提高。1980—1991年，中国城市户籍人口占总人口的比例从19.93%上升到26.94%，增加了约7%。其中，小城镇吸纳了相当数量的农村人口，在人口稠密的江南地区有了较大的发展。对外开放与创办沿海经济特区推进了沿海地区城镇化迅速发展，广州、深圳、珠海等沿海地区的城镇化发展迅猛。

（四）城镇化加速阶段（1992—2012年）

随着改革开放和工业化进程的加速，产业经济发展，城镇化进程加速。中共十四大的召开标志着中国进入了全面建立社会主义市场经济体制的时期。市场化改革开始成为中国城镇化发展的最大动力，与城镇化发展息息相关的户籍制度、土地市场、社会福利等方方面面的政策改革不断深化，释放出巨大的改革红利，中国的城镇化发展取得了前所未有的进步。近十多年来，中国城市的人口居住密度逐年攀升，1990年中国城市人口每平方公里平均为279人，1995年为322人，2000年上升到442人，2001年继续上升到588人，2002年则更攀升到754

人，2005年超过1000人。与此同时，中国大型城市扩张和发展的速度也十分惊人。1993年中国50万人口以上的大城市仅有68个，而到2002年底骤增至450个，100万人口以上大城市到2002年年底已增至171个。城镇人口比例在1999年到2008年的9年时间里，从34.78%增加到46.2%。城市和建制镇相继经过大规模的数量增加并逐渐稳定。城市数量从1978年的193个增加到1990年的467个、2000年的663个，建制镇的数量从1982年的2664个增加到1990年的9322个、2000年的19692个。同时，市场经济在一些开放的沿海城市和经济开发区显示出强劲的发展势头。在东南沿海地区，工业园区、开发区、物流园区等各种形式的产业化集中模式较大程度地扩张了城市的范围，从全国各地吸收了大量剩余劳动力，使城市和城市人口迅速向东南转移，改变了全国性城市空间布局，比如以东、中、西城市数量的比例来说，1978年，中国城市在三地区之间的分布比是1:2.2:0.6，而到1995年，这种分布状况已变为1:0.8:0.4。以北京、天津、大连为中心的环渤海城市群，以上海、苏州、无锡、南京、杭州、宁波等城市为中心的长江三角洲城市群，以广州、深圳、珠海、东莞、中山等城市为中心的珠江三角洲城市群初步形成。随着城镇化的深入发展，这一阶段城镇化虽然仍以小城镇为主，但已经开始重视大中城市和城市群的发展，城镇化发展政策也作出了相应的调整。2002年党的十六大报告提出，"坚持大中小城市和小城镇协调发展，走中国特色的城镇化道路"，中央开始逐渐明确城镇化思路。

2005年10月十六届五中全会通过《中共中央关于制定国民经济和社会发展第十一个五年规划的建议》,第一次使用"工业化、城镇化、市场化、国际化"概念,将城镇化作为"新四化"的主要内容郑重提出,把城镇化提高到国家战略层面。

(五)新型城镇化阶段(2013年以来)

2012年11月,党的十八肯定了中国的新型城镇化的建设,指出"城镇化水平明显提高,城乡发展协调性增强",并提出"坚持走中国特色新型工业化、信息化、城镇化、农业现代化道路,推动信息化和工业化深度融合、工业化和城镇化良性互动、城镇化和农业现代化相互协调,促进工业化、信息化、城镇化、农业现代化同步发展"。十八大报告肯定了新型城镇化、信息化、新型工业化及农业现代化的新四化道路,并为未来新型城镇化与信息化、新型工业化、农业现代化的综合协调提供了明确的方向。2013年11月,十八届三中全会通过《中共中央关于全面深化改革若干重大问题的决定》,进一步明确了新型城镇化道路,指出:"坚持走中国特色新型城镇化道路,推进以人为核心的城镇化,推动大中小城市和小城镇协调发展、产业和城镇融合发展,促进城镇化和新农村建设协调推进。"同年12月,中央召开改革开放以来第一次城镇化工作会议,明确了推进城镇化的指导思想、主要目标、基本原则、主要任务。2014年3月,党中央、国务院印发《国家新型城镇化规划(2014—2020年)》,明确提出到2020年,常住人口城镇化率达到60%左右,户籍人口城镇化率达到45%,户籍人口城镇化率与常住人口城镇化率差距缩小 2 个百分点左右。2015 年 12 月，中央召开城市工作会议，将促进常住人口有序实现市民化作为城镇化的首要任务。2016 年 2 月，国务院印发《关于深入推进新型城镇化建设的若干意见》对我国未来一段时期新型城镇化建设进行总体部署和顶层设计。

总体来讲，改革开放后，中国城镇化水平一直保持着快速上升势头。据统计，自 1982 年以来，中国城镇化发展速度不断提升，1982—1990 年年均增长 0.7 个百分点，1990—2000 年增长速度提高到 1 个百分点，2000—2010 年进一步提高到 1.36 个百分点。自 2010 年以来，中国城镇化率增长速度有所放缓，常住人口城镇化率由 2011 年的 51.2% 提高到 2016 年的 57.3%，年均增速回落至 1.2 个百分点。

第三节 农业现代化与新型城镇化协调发展

改革开放近 40 年历程中，中国农业现代化和城镇化发展取得了世人瞩目的成就。可以说，中国特色的农业现代化和城镇化是一个过程的两个方面，城镇化是农业现代化的载体，农业现代化是城镇化的基础，二者相辅相成。城镇化一头连着农村，一头连着城市，统筹城乡发展，推动城乡共同进步始终是城镇化的本质特点和必然要求。农业现代化应充分利用工业化、城镇化、信息化和城乡发展一体化给农业现代化带来的新机遇，与城镇化保持同步，积极推进农业现代化。

一是新型城镇化与农业现代化在要素供需上存在密切的互补关系。

一方面，农业现代化为新型城镇化提供劳动力、土地、物资等关键资源要素。农业现代化提高了劳动生产率，为新型城镇化提供了大量的经历了农业现代化锻炼的剩余劳动力。而且，农业现代化提供的劳动力具备较为先进的理念，拥有一定的科学知识和技能，能够较快适应城市的生产和生活，大大缩短了由农民转化为市民的周期。农业现代化实现了集约化、专业化、组织化和社会化的农业生产，节约了大量土地，成为新型城镇化土地的主要来源。农业现代化使农业生产出大量的剩余产品，其中包括城镇轻工业发展的原料，城镇居民生活所必需的粮食、棉花、肉类等必需品，为新型城镇化提供重要物资。农业现代化不断推进，促进农村经济结构升级，提高农村劳动生产率，增加农民收入，缩小农村、农业的发展水平与城市的差距，逐渐释放农村、农业、农民中的巨大的市场潜力，形成农村基础设施现代化的投资需求和农民生活方式现代化的消费需求，为新型城镇化提供广阔市场。农村生产关系的现代化，能极大地促进农村生产力的发展，并为新型城镇化奠定经济基础。

另一方面，新型城镇化道路能够克服传统城镇化对农业发展的消极影响，实现工业反哺农业、城市反哺农村，为农业现代化提供物质装备、技术、资金等优质的要素资源。城市和城镇拥有先进的制造业和服务业，城镇化程度越高，功能越健全，第二、第三产业越发达，可以为农业提供基础设施、机械设备、农用物资等改造传统农业所需的物质装备以及农业科技，也可以为农业现代化提供资金支持；城市和城镇商业、工业、服务业在经营理念上的经验积累也能为现代农业生产的组织形式、经营模式、保障体系等制度设计提供参考。城镇在吸纳农村剩余劳动力方面有着天然的优势，通过推进城镇化，大量的农村富余劳动力向非农产业和城镇转移，农村居民人均资源占有量会大幅度增加，有利于提升农业生产规模化、市场化水平，解决"三农"问题，加快农业现代化进程。城市和城镇是现代文明的载体，拥有发展现代农业所必需的知识技能和先进的商品意识、市场理念，城镇更是农村的信息交流和传播中心，可以弥补农村相对封闭的文化环境，为农业发展培育人才。城镇是农村地区资金、技术、信息的聚集地，拥有比较完善社会化服务体系和成熟的市场，可以为农村龙头企业提供依托，创造良好的经营环境，促进农业产业结构升级和农业产业化深入发展。

二是新型城镇化和农业现代化在发展中存在互动关系。

一方面，新型城镇化带动农业现代化，促进农业经营方式转变和农业产业结构优化。城镇化通过承接农村剩余劳动力到城镇就业，加快农村土地流转，使耕地集中到种粮大户手中，为适度规模经营创造条件，进而推进农业生产经营专业化、标准化、规模化、集约化，提高农业综合生产能力、抗风险能力和市场竞争能力。其次，城镇化通过把大量的农村人口转变为城镇人口，将巨大的潜在消费需求转变成现实消费需求，带动农产品市场需求结构的变化，拉动农产品消费需求质与量的提升，进而优化农业内部产业结构和产品结构。

另一方面，农业发展是城镇形成的先决条件，农业现代化推动新型城镇化发展。农村蕴藏的巨大市场需求将有力带动城镇产业体系的发展，加快城镇化建设。随着农业剩余劳动力大量向城镇转移，农业现代化将有力推进城镇的住房、交通、通信、水电等基础设施的建设和完善，带动医疗卫生、文化教育事业的发展。

三是新型城镇化和农业现代化的发展目标高度相融。

打破城乡二元经济格局，实现城乡融合是新型城镇化与农业现代化的共同目标。党的十八大报告指出："城乡发展一体化是解决'三农'问题的根本途径。要加大统筹城乡发展力度，促进城乡共同繁荣。"随着农业现代化的发展和新型城镇化的推进，城镇和农村将在制度上不断创新，促使城镇的技术、人才、物资、信息与农村的土地、劳力、原料等要素资源将突破地域、行业和城乡界限，在城乡间均衡分配、双向流动，农业与工业、服务业之间的界限将越来越模糊，趋向产业融合的新境界；促进历史文化保护和传承，呈现丰富多彩的文化景象，实现城乡文化交融。

随着农村的发展进步，农民生活水平的提高，大量的富裕农民必然涌向城镇，推动城镇化进程。中国农村人口基数大，按照现在能够利用的资源和生态承载能力，不可能在短期全部转移到城镇就业，还会有几亿人口生活在农村，所以，必须兼顾城乡两个方面：既推进城镇化、工业化，积极给农民创造更好的进城条件，又发展农业现代化，加强新农村建设，使农民在农村同样也可以获得不断增长的物质和精神文化生活需要，真正安居乐业。

第二章 海南省三亚市的实践探索(2005—2010)

第一节 三亚实践的总体情况

三亚别称鹿城,又被称为"东方夏威夷",位于海南岛的最南端,东邻陵水县,西接乐东县,北毗保亭县,南临南海。陆地总面积1919.58平方公里,海域总面积6000平方公里。三亚东西长91.6公里,南北宽51公里,常住人口为74.19万人,聚居了汉、黎、苗、回等20多个民族。三亚是海南省南部的中心城市和交通通信枢纽,也是中国东南沿海对外开放黄金海岸线上最南端的对外贸易重要口岸之一。

三亚是中国唯一的热带滨海旅游城市,具有得天独厚的风景旅游资源。自1988年升格地级市以来,在其近30多年的发展历程中,三亚始终秉承国际热带滨海旅游城市的定位,坚持走专业化旅游城市的发展道路。三亚的城镇化发展道路不同于多数城市以工业化带动城镇化的发展模式,而是直接依托以旅游业为龙头的第三产业发展来推动城镇化的模式。这种发展模式是由三亚独特的资源环境和比较优势决定的。三亚多年来始终坚持这一发展模式，尤其是"十一五"时期，狠抓生态环境治理，积极改善民生，强化规划管理，经济社会快速发展。2005—2010年，三亚市坚定不移地推进改革开放和各项建设，大力转变经济发展方式，圆满完成了"十一五"规划确定的各项任务。这五年是三亚城镇化水平提升最快的五年，是三亚综合实力大幅度跃升和城乡面貌发生巨变的五年，是社会事业全面进步和人民群众得到实惠最多的五年，是可持续发展能力显著增强的五年。

2005—2010年，三亚城镇化发展步入高速增长阶段，城镇化率由2005年的47.31%上升到2010年的66.21%，城镇化率提高了18.9个百分点，年均提高3.78个百分点。

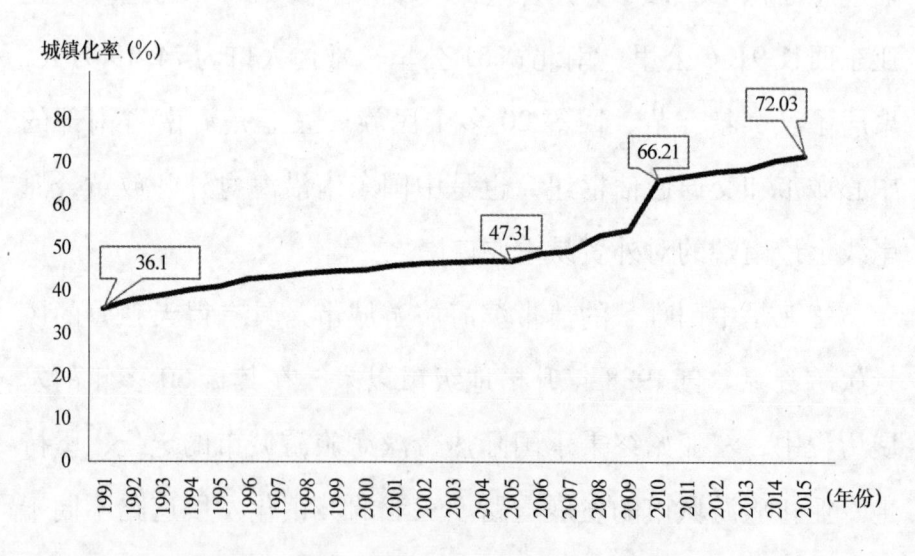

图2-1 三亚市城镇化率变化趋势（1991—2015年）

表 2-1　　　三亚市城镇化率变化趋势（1991—2015 年）

年份	城镇化率（%）	年份	城镇化率（%）
1991	36.1	2004	47.23
1992	38.2	2005	47.31
1993	39.1	2006	49.01
1994	40.4	2007	49.6
1995	41.2	2008	53.2
1996	43.2	2009	54.5
1997	43.5	2010	66.21
1998	44.4	2011	67.23
1999	44.8	2012	68.32
2000	45.11	2013	68.89
2001	46.34	2014	70.97
2002	46.66	2015	72.03
2003	47.11		

资料来源：《三亚统计年鉴2016》。

2005—2010年，三亚农业现代化步伐加快，农林牧渔业生产总值由26.98亿元上升至46.50亿元，增长了1.7倍。农村生产条件明显改善，农业机械总动力由2005年的16.08万千瓦增加到2010年的25.95万千瓦，增长了1.6倍，"十一五"时期农业机械总动力绝对增加量（9.87万千瓦）是"十五"时期（1.5万千瓦）的6.6倍；农村用电量由2005年的1462万度增加到2010年的2291万度，增长了1.6倍。截至2010年，三亚全市共有农民专业合作社201家，三亚市崖城镇众树农村资金互助社成立，成为海南省首家农村资金互助社。推进"一个中心两个站"建设——三亚市现代农业检验检测预警防控中心和东片区、西片区两个检测站，农产品质量安全监管体系进一步完善。在农村乡镇、农场新建农业科技110服务站4个、专业化服务站5个，对全市服务站进行全面改造升级，实现全市覆盖，2010年全市拥有农技110服务站22个（含农垦），农业科技服务110体系建设实现新突破。

"十一五"期间，海南省委省政府对各市县经济和社会发展情况进行了严格的考核。考核内容不仅是经济方面，还包括生态环境保护、民生工程、教育卫生等社会事业以及社会稳定等指标。为体现公平，根据不同地区的特点和发展基础，考核指标还设计了不同的权重。

由表2-2至表2-9的数据可以看出，三亚市"十一五"时期经济社会的全面发展和生态环境治理的大幅提升、公共服务水平的改善及民生的进步，这些都加速了三亚农业现代化与城镇化进程，也有力促进了三亚城乡融合发展。

表 2-2　　　　　　　海南经济与社会发展考核指标体系

2006 年		2007 年		2008 年		2009 年		2010 年	
主指标	分值	主指标	分值	主指标	分值	主指标	分值	主指标	分值
人均生产总值	14	人均生产总值	12	人均生产总值	10.5	人均生产总值	8	人均生产总值	8
人均财政一般预算收入	14	人均财政一般预算收入	12	人均财政一般预算收入	10.5	经济发展结构指标	东部：5.0 中部：4.5 西部：4.5	经济发展结构指标	东部：5.0 中部：4.5 西部：4.5
农民人均纯收入	8	农民人均纯收入	8	农民人均纯收入	7	人均财政一般预算收入	8	人均财政一般预算收入	8
城镇居民人均可支配收入	8	城镇居民人均可支配收入	8	城镇居民人均可支配收入	7	固定资产投资指标	东部：7.0 中部：6.0 西部：7.5	固定资产投资指标	东部：7.0 中部：6.0 西部：7.5
固定资产投资指标	6	固定资产投资指标	5	固定资产投资指标	5	农民人均纯收入	东部：6.0 中部：7.5 西部：6.0	农民人均纯收入	东部：6.0 中部：7.5 西部：6.0
就业发展综合指标	8	安全生产指标	5	安全生产指标	5	城镇居民人均可支配收入	6	城镇居民人均可支配收入	6
教育发展综合指标	6	教育发展综合指标	5	教育发展综合指标	5	安全生产指标	5	安全生产指标	5
卫生发展综合指标	6	社会保障综合指标	5	社会保障综合指标	5	就业发展指标	5	就业发展指标	4
文化建设综合指标	6	就业发展综合指标	5	就业发展综合指标	5	社会保障指标	5	社会保障指标	4
社会保障综合指标	6	卫生发展综合指标	5	卫生发展综合指标	5	教育发展指标	5	保障性住房指标	6

续表

2006年		2007年		2008年		2009年		2010年	
主指标	分值	主指标	分值	主指标	分值	主指标	分值	主指标	分值
人口与计划生育综合指标	6	文化建设综合指标	5	文化建设综合指标	5	卫生发展指标	5	社会稳定指标	4
国土环境资源综合指标	6	万元生产总值能耗降低完成率	5	万元生产总值能耗降低完成率	5	文化建设指标	5	教育发展指标	4
科技进步综合指标	6	国土环境资源综合指标	5	国土环境资源综合指标	5	节能降耗指标	5	卫生发展指标	4
		污染物减排指标	5	污染物减排指标	5	国土环境资源综合指标	5	文化建设指标	4
		人口与计划生育指标	5	人口与计划生育指标	5	污染物减排指标	5	节能降耗指标	5
		科技进步指标	5	科技进步指标	5	人口与计划生育指标	5	国土环境资源综合指标	4
				依法行政指标	5	科技进步指标	5	污染物减排指标	4
						依法行政指标	5	人口与计划生育指标	4
								科技进步指标	4
								依法行政指标	4

表2-3　2006年海南各市县经济和社会发展主要指标综合得分及排名

市县排名	综合排名	综合得分	人均生产总值	人均财政一般预算收入	农民人均纯收入	城镇居民人均可支配收入	固定资产投资指标	就业发展综合指标	教育发展综合指标	卫生发展综合指标	文化建设综合指标	社会保障综合指标	人口与计划生育综合指标	国土环境资源综合指标	科技进步综合指标
全省平均	一	50.94	6.71	4.98	5.53	5.01	2.53	2.55	3.53	4.16	2.66	3.97	5.46	2.68	1.17
海口市	3	63.95	9.47	5.79	6.35	4.90	2.78	5.58	4.77	5.56	3.41	4.82	5.50	2.60	2.42
三亚市	1	81.99	11.93	13.85	7.16	5.93	5.16	6.83	4.16	5.85	2.85	5.90	5.30	2.79	4.28
五指山市	10	46.53	4.51	5.08	4.06	4.23	1.62	2.25	5.19	3.90	2.60	3.63	5.40	4.06	0.00
文昌市	5	58.14	9.09	5.75	6.55	5.34	2.55	3.71	3.81	4.21	3.22	4.27	5.91	3.04	0.69
琼海市	14	43.53	4.75	2.59	6.07	3.00	2.28	2.31	3.80	4.25	3.12	3.93	5.59	1.35	0.49
万宁市	9	51.12	7.66	4.19	6.34	5.79	3.12	1.70	3.21	4.01	2.55	3.72	5.36	1.37	2.10
定安县	8	51.16	7.11	3.76	5.83	6.47	2.28	2.39	3.76	4.03	1.66	3.95	5.60	3.14	1.18
屯昌县	16	40.68	3.96	3.15	5.35	5.40	-0.07	1.86	3.19	3.91	2.07	3.15	5.45	3.09	0.17
澄迈县	2	64.20	11.37	6.02	6.44	4.08	3.14	3.28	2.97	5.12	2.75	3.71	5.38	5.99	3.95
临高县	18	37.08	2.59	2.40	2.89	5.97	2.26	1.85	2.79	2.85	2.06	3.42	5.35	2.64	0.01
儋州市	17	40.64	4.30	3.19	6.09	2.42	1.90	2.56	2.98	3.55	2.88	2.80	5.27	2.50	0.20
东方市	13	43.78	6.29	4.72	4.68	4.20	2.97	-2.06	2.86	4.42	2.32	4.65	5.31	2.34	1.08
乐东县	11	45.25	6.21	5.05	5.32	6.04	1.89	2.67	3.11	3.59	1.60	3.93	5.33	0.51	0.00
琼中县	12	44.80	3.86	5.87	4.03	2.65	4.46	1.74	3.97	3.85	2.13	2.47	5.43	2.79	1.55
保亭县	15	42.86	5.14	1.63	4.76	5.18	2.03	1.30	3.76	3.90	2.59	4.14	5.57	2.51	0.35
陵水县	7	51.18	7.50	8.27	5.30	5.10	2.86	2.50	2.68	3.53	1.51	4.24	5.54	2.12	0.03
白沙县	6	51.40	6.72	2.86	6.71	5.49	1.52	2.79	3.42	3.82	3.12	4.96	5.43	2.40	2.16
昌江县	4	58.67	8.29	5.50	5.60	8.00	2.86	2.61	3.16	4.45	5.51	3.74	5.50	3.07	0.38

资料来源：中共海南省委办公厅文件（琼办发〔2007〕36号）。

注：本表由海南省统计局依考核指标标准分计算汇总。

表2-4　2007年海南各市县经济和社会发展主要指标综合得分及排名

市县名称	综合得分	综合排名	人均生产总值得分	人均财政一般预算收入得分	农民人均纯收入得分	城镇居民人均可支配收入得分	固定资产投资指标得分	安全生产指标得分	教育发展指标得分	社会保障指标得分	就业发展指标得分	卫生发展指标得分	文化建设指标得分	万元生产总值能耗降低完成率得分	国土环境资源保护指标得分	污染物减排指标得分	人口和计划生育指标得分	科技进步指标得分
全省平均	53.92	—	5.21	4.23	5.82	5.70	1.99	2.98	3.11	3.55	1.05	3.56	2.71	1.22	4.17	2.67	4.65	1.30
海口市	54.47	8	4.87	2.09	4.95	5.29	1.93	3.47	3.30	3.98	2.20	4.11	2.72	1.53	4.08	4.10	4.68	1.18
三亚市	84.66	1	11.66	10.86	8.00	8.00	3.48	3.68	4.37	4.61	2.88	5.00	4.17	3.18	4.69	4.01	4.63	1.42
五指山市	44.21	16	4.77	6.03	4.52	3.90	2.18	2.16	3.25	2.43	1.20	3.59	2.26	-1.89	2.75	2.17	4.92	0.00
文昌市	53.13	10	4.60	3.20	5.27	7.09	1.40	2.37	3.18	3.77	2.37	3.20	3.68	0.21	4.47	2.48	5.00	0.84
琼海市	56.10	6	5.44	4.75	7.59	6.27	2.24	2.46	3.13	3.38	1.29	3.60	2.45	1.64	3.49	2.64	4.55	1.19
万宁市	50.27	13	5.28	1.65	7.10	5.74	1.76	2.00	2.76	3.77	0.47	3.18	1.87	1.91	4.99	2.07	4.69	1.02
定安县	58.68	4	4.80	4.11	6.79	6.81	2.01	4.61	2.78	3.04	0.95	4.12	3.93	2.50	3.84	2.70	4.68	1.00
屯昌县	48.28	14	3.75	3.89	5.24	6.01	1.63	2.61	3.15	3.75	1.29	3.75	2.46	-1.06	3.52	2.88	4.45	0.95
澄迈县	55.10	7	5.39	3.32	5.68	5.88	1.99	3.67	3.29	3.92	2.01	4.64	2.89	-1.15	3.77	2.86	4.96	2.00
临高县	54.32	9	4.74	3.60	6.54	6.41	2.08	0.61	2.98	4.10	1.09	2.50	3.14	2.69	4.01	3.22	4.24	2.38
儋州市	40.40	18	4.39	2.47	4.28	3.73	1.49	1.92	2.69	2.73	0.96	2.83	1.49	0.37	4.11	2.74	4.10	0.12
东方市	62.67	2	8.52	5.82	5.45	5.08	1.72	4.51	2.82	3.88	0.25	3.23	1.83	5.00	4.40	2.28	4.58	3.30
乐东县	52.96	11	4.21	5.62	6.38	5.83	2.10	1.88	2.82	3.55	-0.07	3.19	2.73	2.02	5.00	3.10	4.62	-0.02
琼中县	44.87	15	2.55	1.35	3.79	5.05	1.39	3.71	3.13	3.02	1.18	3.15	2.18	1.55	3.75	2.18	4.99	1.89
保亭县	52.05	12	3.84	5.42	4.59	4.10	1.65	4.47	3.44	3.20	0.89	3.03	2.68	2.64	4.50	2.20	4.50	0.91
陵水县	56.28	5	4.76	7.18	6.19	5.30	3.97	3.36	2.90	3.69	-0.17	3.54	2.89	1.70	3.86	2.14	4.45	0.49
白沙县	43.36	17	4.71	1.17	6.02	5.45	1.32	2.62	2.85	3.12	-0.52	3.52	1.95	-2.53	4.90	2.13	4.99	1.65
昌江县	58.83	3	5.48	3.52	6.37	6.77	1.57	3.56	3.20	3.98	0.60	3.88	3.41	1.57	5.00	2.10	4.83	2.97

资料来源：中共海南省委办公厅文件（琼办发〔2008〕11号）。

注：本表由海南省统计局依考核指标标准分计算汇总。

第二章 海南省三亚市的实践探索(2005—2010) / 45

表2-5 2008年海南各市县经济和社会发展主要指标综合得分及排名

市县名称	综合排名	综合得分	人均生产总值得分	人均财政一般预算收入得分	农民人均纯收入得分	城镇居民人均可支配收入得分	固定资产投资指标得分	安全生产指标得分	教育发展指标得分	社会保障指标得分	就业发展指标得分	卫生发展指标得分	文化建设指标得分	万元生产总值能耗降低完成率得分	国土环境资源保护指标得分	污染物减排指标完成得分	人口和计划生育指标得分	科技进步指标得分	依法行政指标得分
全省平均	一	60.47	6.04	2.64	5.22	5.18	2.42	3.21	3.58	3.59	2.00	3.57	2.78	2.63	4.26	2.36	4.66	1.62	4.71
海口市	11	60.49	5.72	1.55	5.15	5.77	2.61	2.88	3.88	3.84	0.34	3.99	2.36	2.32	4.34	3.93	4.76	2.05	5.00
三亚市	1	81.19	9.36	7.09	6.79	5.82	3.62	2.76	3.78	4.97	4.14	5.00	3.70	3.76	4.31	3.86	4.56	2.76	4.91
五指山市	10	60.93	6.86	3.08	4.23	6.21	3.86	0.52	4.23	3.54	2.36	4.12	3.02	1.99	4.81	1.77	4.77	0.93	4.63
文昌市	7	62.93	6.25	1.70	5.15	5.58	2.41	4.07	3.73	3.07	2.60	3.24	2.88	5.00	3.63	1.71	4.66	2.35	4.90
琼海市	4	64.86	6.80	2.72	6.97	6.72	2.59	3.65	3.87	3.83	2.49	3.32	2.31	2.07	3.85	2.67	4.94	1.16	4.90
万宁市	5	64.25	7.03	3.39	5.66	5.83	2.79	4.82	3.37	3.18	1.68	3.42	2.63	2.64	4.80	1.92	4.75	1.61	4.72
定安县	9	61.50	5.39	2.32	4.97	6.24	2.00	3.92	3.90	3.98	2.19	3.44	3.12	2.59	3.79	2.78	4.76	1.35	4.76
屯昌县	15	53.76	4.38	1.77	4.65	3.21	1.61	4.31	3.71	3.20	1.15	3.44	2.05	2.37	3.92	2.30	4.35	2.68	4.66
澄迈县	8	62.40	7.41	2.30	5.63	5.29	1.89	0.79	3.41	3.52	2.14	4.15	2.79	3.17	4.17	2.70	4.93	3.23	4.88
临高县	18	47.86	4.48	-0.02	4.62	4.09	1.60	4.28	2.72	4.09	0.77	2.66	1.98	0.00	3.59	3.00	4.27	1.18	4.55
儋州市	17	48.01	2.88	0.64	4.92	5.35	1.76	2.26	3.08	2.99	1.50	3.12	2.18	2.21	3.82	1.70	3.94	1.14	4.52
东方市	6	63.33	8.89	1.42	4.98	5.83	3.10	2.02	2.95	3.73	2.32	3.45	4.56	2.99	4.01	1.59	4.48	2.25	4.76
乐东县	14	54.07	4.91	2.28	5.41	2.20	1.58	4.23	3.51	3.65	1.44	3.59	2.59	2.62	4.39	2.43	4.58	0.13	4.53
琼中县	16	52.89	4.05	0.71	4.05	3.22	2.38	4.55	3.48	2.88	1.38	3.29	2.65	2.34	4.40	1.85	4.92	2.35	4.39
保亭县	12	59.82	5.43	3.19	4.18	5.58	2.32	2.40	4.01	3.88	3.14	3.54	2.55	3.03	4.67	1.73	4.83	0.73	4.61
陵水县	3	67.40	7.09	7.00	5.66	6.02	4.07	2.17	3.51	3.81	2.44	3.43	3.74	2.47	4.62	1.76	4.75	0.16	4.70
白沙县	13	54.76	4.16	1.37	5.28	4.67	1.40	4.47	3.36	2.87	1.53	3.31	1.58	3.06	4.64	2.91	4.67	0.96	4.52
昌江县	2	68.03	7.69	4.98	5.61	5.68	2.04	3.70	3.85	3.62	2.42	3.69	3.39	2.80	4.88	1.83	5.00	2.15	4.70

资料来源：中共海南省委办公厅文件（琼办发〔2009〕10号）。

注：本表由海南省统计局依考核指标标准分计算汇总。

表2-6　2009年海南各市县经济和社会发展主要指标综合得分及排名

市县名称	综合得分	综合排名	人均生产总值得分	经济发展结构得分	人均财政一般预算收入得分	固定资产投资指标得分	农民人均纯收入得分	城镇居民人均可支配收入得分	安全生产指标得分	就业发展指标得分	社会保障指标得分	教育发展指标得分	卫生发展指标得分	文化建设指标得分	节能降耗得分	国土环境资源保护指标得分	污染物减排指标得分	人口和计划生育指标得分	科技进步指标得分	依法行政指标得分
全省平均	64.41	—	4.75	2.85	3.38	2.35	5.01	4.23	3.39	3.13	3.65	3.73	3.81	3.26	3.73	4.02	2.24	4.79	1.74	4.36
东部																				
海口市	66.45	8	5.07	2.43	3.48	2.09	4.59	2.91	3.55	3.98	4.42	4.20	4.01	2.91	4.23	2.99	4.50	4.73	1.35	5.00
三亚市	83.63	1	7.35	3.19	5.80	4.33	4.63	4.81	3.25	4.86	4.99	5.00	4.77	3.85	5.00	4.66	4.52	4.71	3.26	4.67
文昌市	62.89	10	5.19	2.91	2.65	2.52	4.54	2.45	3.87	3.47	2.97	3.91	3.52	3.18	4.79	4.44	1.69	4.97	1.17	4.67
琼海市	72.80	3	6.96	4.46	4.04	3.71	4.41	4.98	2.55	2.78	3.41	3.99	4.13	4.57	4.14	4.42	2.96	4.76	1.81	4.74
万宁市	69.62	7	6.26	3.01	3.70	4.63	4.40	4.82	3.63	2.95	3.53	3.66	3.99	2.57	4.53	4.82	2.07	4.71	2.06	4.27
陵水县	71.64	4	6.05	3.75	5.79	3.93	4.59	4.65	4.54	3.31	3.73	3.66	3.42	2.60	4.16	4.36	1.44	4.71	2.44	4.55
中部																				
五指山市	69.73	6	4.58	2.50	5.89	1.57	6.30	5.87	4.82	3.01	3.58	4.55	4.53	3.43	2.22	3.71	1.51	4.96	2.27	4.43
定安县	63.22	9	4.88	2.98	3.15	1.30	5.35	4.07	1.39	2.90	4.12	3.88	3.51	3.42	4.23	4.62	1.95	4.95	1.67	4.85
屯昌县	60.81	13	4.06	2.61	3.40	1.14	4.52	4.59	4.85	2.47	2.97	3.67	3.55	3.02	2.90	3.68	1.48	4.70	1.40	4.62
琼中县	62.27	11	4.41	2.56	2.94	0.72	6.69	2.50	4.75	2.87	3.63	3.37	3.54	3.33	4.51	4.11	1.75	4.99	2.07	3.54
保亭县	74.07	2	5.61	3.25	3.91	3.78	6.86	5.46	4.49	3.54	3.79	3.60	4.95	4.25	3.95	3.70	1.67	4.72	1.96	4.60
白沙县	59.62	15	3.94	2.74	2.56	1.02	6.16	3.88	3.60	2.11	3.90	3.21	3.53	3.27	2.99	3.95	1.97	5.00	1.41	4.38
西部																				
澄迈县	70.80	5	5.62	2.97	4.50	1.69	4.90	4.09	4.26	2.90	3.35	3.54	4.08	3.10	4.98	4.16	3.26	4.92	3.77	4.71
临高县	53.18	16	3.58	2.55	2.14	1.10	5.27	3.54	3.32	2.62	2.46	3.07	2.81	2.86	3.76	3.65	1.60	4.54	0.07	4.24
儋州市	51.29	17	3.73	2.47	2.21	1.13	3.66	4.63	2.10	3.81	3.39	3.31	3.15	3.62	0.00	2.66	2.06	4.70	0.93	3.75
东方市	45.81	18	0.00	1.45	0.00	1.45	3.86	3.71	0.58	2.44	3.59	3.33	3.54	2.22	3.48	3.81	2.48	4.69	1.46	3.71
乐东县	61.68	12	4.47	2.99	3.49	1.30	5.33	5.10	4.27	3.08	3.20	3.34	3.50	2.98	4.00	4.61	1.41	4.61	0.57	3.44
昌江县	59.81	14	3.71	2.51	1.13	4.96	4.20	3.97	1.16	3.29	3.53	3.81	4.13	3.45	3.20	3.96	2.02	4.90	1.63	4.24

资料来源：中共海南省委办公厅文件（琼办发〔2010〕18号）。

注：本表由海南省统计局依考核指标标准分计算汇总。

第二章 海南省三亚市的实践探索(2005—2010) / 47

表2-7 2010年海南各市县经济和社会发展主要指标综合得分及排名

市县名称	综合排名	综合得分	人均生产总值得分	经济发展结构得分	人均财政一般预算收入得分	固定资产投资指标得分	农民人均纯收入得分	城镇居民人均可支配收入得分	安全生产指标得分	就业发展指标得分	社会保障指标得分	保障性住房指标得分	社会稳定指标得分	教育发展指标得分	卫生发展指标得分	文化建设指标得分	节能降耗得分	国土环境资源保护指标得分	污染物减排指标得分	人口和计划生育指标得分	科技进步指标得分	依法行政指标得分
全省平均	—	64.15	4.35	2.35	2.81	2.70	4.21	4.62	3.11	2.40	3.04	5.08	3.89	2.79	3.11	1.77	3.86	3.15	2.58	3.87	1.02	3.46
东部																						
海口市	11	61.59	5.42	1.93	1.72	2.38	3.01	2.77	3.16	3.11	3.55	5.32	3.97	3.07	3.12	1.43	2.80	2.34	3.50	3.91	1.07	4.00
三亚市	1	80.87	7.31	2.39	5.38	4.99	5.02	4.73	3.65	3.34	3.99	5.44	3.92	3.67	3.39	1.87	5.00	3.22	3.50	3.89	2.33	3.86
文昌市	13	60.72	4.08	2.16	2.23	3.10	2.74	4.92	2.94	2.57	2.75	4.51	3.90	2.80	3.17	1.88	3.11	3.85	1.13	4.00	1.06	3.82
琼海市	10	62.19	4.80	2.61	3.22	2.01	3.68	4.41	3.17	2.29	2.77	5.51	4.00	2.64	2.96	1.65	2.71	2.92	2.34	3.97	0.73	3.81
万宁市	9	62.75	4.79	2.45	2.18	2.31	3.18	4.62	2.11	2.33	2.77	5.33	3.97	2.66	3.02	1.76	4.91	3.36	2.64	3.84	1.03	3.48
陵水县	4	67.45	4.32	3.06	6.46	3.25	2.91	4.29	3.87	2.28	3.17	4.65	3.92	2.48	3.12	2.70	4.16	3.18	2.44	3.79	0.02	3.37
中部																						
五指山市	8	64.80	5.02	2.54	2.74	1.89	5.46	4.80	2.34	2.17	3.20	4.59	3.81	2.81	3.98	1.56	3.96	3.25	2.59	3.93	0.87	3.31
定安县	6	66.16	4.41	2.67	2.63	2.59	4.34	4.52	3.68	2.80	3.14	5.23	3.79	3.31	3.07	1.57	3.74	3.13	3.04	3.91	0.76	3.82
屯昌县	7	65.29	3.54	2.54	2.79	2.89	5.53	4.01	2.89	2.71	3.42	4.89	3.94	2.55	2.81	1.82	3.85	3.29	2.85	3.88	1.28	3.83
琼中县	12	61.08	1.85	2.09	1.90	2.34	6.65	4.37	2.78	1.52	3.02	5.67	3.91	3.13	3.02	1.53	4.07	3.21	2.00	3.92	1.25	2.85
保亭县	3	67.59	3.39	2.36	3.28	3.54	5.88	5.76	3.65	2.57	3.21	3.95	3.79	2.72	3.79	1.85	4.60	2.42	2.86	3.82	0.55	3.62
白沙县	14	60.67	2.58	2.13	1.03	1.85	5.57	5.67	1.96	2.19	3.26	5.94	3.84	2.84	2.78	1.24	4.07	3.29	2.32	3.77	1.05	3.29
西部																						
澄迈县	2	74.11	6.52	3.00	3.50	4.80	3.90	5.85	3.36	2.60	2.65	5.21	3.96	2.77	3.40	3.61	3.94	2.79	2.79	3.95	1.89	3.63
临高县	5	67.35	3.91	3.20	3.83	3.26	4.09	5.63	3.28	2.19	2.52	5.56	3.82	2.37	3.04	1.56	3.90	2.99	2.52	3.77	2.59	3.30
儋州市	18	56.32	4.35	1.75	1.86	2.03	3.36	3.25	3.29	2.41	2.94	4.32	3.99	2.44	2.42	1.34	4.36	2.69	2.29	3.79	0.38	2.95
东方市	17	57.59	4.46	1.51	0.94	0.32	3.21	4.44	3.85	1.87	2.70	5.87	3.81	2.64	2.79	1.37	4.07	3.67	2.44	3.79	0.34	3.28
乐东县	15	60.25	2.66	2.18	4.33	2.62	4.31	5.26	2.87	2.06	2.80	4.60	3.94	2.49	3.02	1.22	2.91	3.36	2.70	3.79	0.21	2.92
昌江县	16	58.28	4.84	1.65	0.55	2.46	2.95	3.92	3.06	2.25	2.84	4.84	3.79	2.78	3.14	1.86	3.30	3.67	2.45	3.96	0.87	3.09

资料来源：中共海南省委办公厅文件。

注：本表由海南省统计局依考核指标标准分计算汇总。

表2-8　　"十一五"期间海南省8市综合指标平均得分

名次	五年平均分	分年度情况				
		2006	2007	2008	2009	2010
第1名	三亚市 82.47	三亚市 81.99	三亚市 84.66	三亚市 81.19	三亚市 83.63	三亚市 80.87
第2名	海口市 61.39	海口市 63.95	东方市 62.67	琼海市 64.86	琼海市 72.80	五指山市 64.80
第3名	琼海市 59.90	文昌市 58.14	琼海市 56.10	万宁市 64.25	五指山市 69.73	万宁市 62.75
第4名	万宁市 59.60	万宁市 51.12	海口市 54.47	东方市 63.33	万宁市 69.62	琼海市 62.19
第5名	文昌市 59.56	五指山市 46.53	文昌市 53.13	文昌市 62.93	海口市 66.45	海口市 61.59
第6名	五指山市 57.24	东方市 43.78	万宁市 50.27	五指山市 60.93	文昌市 62.89	文昌市 60.72
第7名	东方市 54.60	琼海市 43.53	五指山市 44.21	海口市 60.49	儋州市 51.29	东方市 57.39
第8名	儋州市 47.31	儋州市 40.64	儋州市 40.40	儋州市 48.01	东方市 45.81	儋州市 56.22

注：根据表2-3至表2-7汇总。

第二章 海南省三亚市的实践探索(2005—2010) / 49

表2-9 海南省"十一五"期间8市各分指标平均分与三亚分指标平均得分对比情况

指标项目	总分	五年指标											四年指标		三年指标	两年指标		一年指标	
		人均生产总值	人均地方一般预算收入	固定资产投资指标	农民人均纯收入	城镇居民人均可支配收入	就业发展指标	社会保障指标	教育发展指标	卫生发展指标	文化建设指标	国土环境资源保护指标	人口与计划生育指标	科技进步指标	安全生产指标	污染物减排指标	依法行政指标	经济发展结构指标	节能降耗指标	保障性住房指标	社会稳定指标
全省8市平均分	60.26	6.02	3.79	2.52	5.11	4.91	2.48	3.95	3.50	3.77	2.66	3.59	4.68	1.41	2.95	2.62	4.25	2.49	3.71	5.11	4.05
三亚得分	82.47	9.52	8.60	4.12	6.21	5.86	4.41	4.89	4.20	4.80	3.29	3.93	4.63	2.81	3.34	3.97	4.48	2.79	5.00	5.44	3.92
三亚名次	1	1	1	1	1	1	1	1	1	1	1	1	6	1	1	2	3	2	1	3	5

注:根据表2-3至表2-7汇总。

表 2-10　"十一五"期间海南 8 市经济发展指标平均得分

名次	五年平均分	分年度情况				
		2006 年	2007 年	2008 年	2009 年	2010 年
第 1 名	三亚市 23.55	三亚市 30.94	三亚市 26	三亚市 20.07	三亚市 20.67	三亚市 20.07
第 2 名	万宁市 13.24	文昌市 17.39	东方市 16.06	五指山市 13.8	琼海市 19.17	琼海市 12.64
第 3 名	琼海市 13.19	海口市 18.04	五指山市 12.98	东方市 13.41	万宁市 17.6	五指山市 12.19
第 4 名	五指山市 12.94	万宁市 14.97	琼海市 12.43	万宁市 13.21	五指山市 14.54	万宁市 11.73
第 5 名	文昌市 12.36	东方市 13.98	文昌市 9.2	琼海市 12.11	文昌市 13.27	文昌市 11.57
第 6 名	海口市 12.27	五指山市 11.21	海口市 8.89	文昌市 10.36	海口市 13.07	海口市 11.45
第 7 名	东方市 10.72	琼海市 9.62	万宁市 8.69	海口市 9.88	儋州市 9.54	儋州市 9.99
第 8 名	儋州市 8.51	儋州市 9.39	儋州市 8.35	儋州市 5.28	东方市 2.9	东方市 7.23

注：①经济发展综合指标包括人均生产总值、经济发展结构、人均财政一般预算收入、固定资产投资 4 项子指标。其中：2006—2008 年考核人均生产总值、人均财政一般预算收入、固定资产投资 3 项子指标，2009 年开始增加了经济发展结构子指标。
②根据表 2-3 至表 2-7 汇总。

表2-11　"十一五"期间海南8市生态环境指标平均得分

名次	五年平均分	分年度情况				
		2006年	2007年	2008年	2009年	2010年
第1名	三亚 10.5	五指山市 4.06	三亚市 11.88	三亚市 11.93	三亚市 14.18	三亚市 11.72
第2名	海口市 8.65	文昌市 3.04	东方市 11.68	海口市 10.59	海口市 11.72	万宁市 10.91
第3名	东方市 8.51	三亚市 2.79	海口市 9.71	文昌市 10.34	琼海市 11.52	东方市 10.18
第4名	万宁市 8.41	海口市 2.6	万宁市 8.97	万宁市 9.36	万宁市 11.42	儋州市 9.34
第5名	文昌市 7.91	儋州市 2.5	琼海市 7.77	琼海市 8.59	文昌市 10.92	五指山市 9.8
第6名	琼海市 7.44	东方市 2.34	儋州市 7.22	东方市 8.59	东方市 9.77	海口市 8.64
第7名	五指山市 6.58	万宁市 1.37	文昌市 7.16	五指山市 8.57	五指山市 7.44	文昌市 8.09
第8名	儋州市 6.3	琼海市 1.35	五指山市 3.03	儋州市 7.73	儋州市 4.72	琼海市 7.97

注：①生态环境综合指标包括节能降耗、污染物减排、国土环境资源3项子指标。

②2006年只考核了国土环境资源1项指标，2007年开始增加了节能降耗、污染物减排2项指标；其中：2007年、2008年节能降耗指标为万元生产总值能耗降低完成率。

③根据表2-3至表2-7汇总。

表2-12　　"十一五"期间海南8市民生指标平均得分

名次	五年平均分	分年度情况				
		2006年	2007年	2008年	2009年	2010年
第1名	三亚 19.39	三亚市 22.74	三亚市 16.86	三亚市 17.89	三亚市 19.62	三亚市 19.83
第2名	海口市 16.23	海口市 20.73	海口市 13.59	五指山市 14.25	海口市 16.61	海口市 18.17
第3名	文昌市 14.89	文昌市 16	文昌市 12.52	琼海市 13.51	五指山市 15.67	五指山市 16.75
第4名	五指山市 14.42	五指山市 14.97	琼海市 11.4	文昌市 12.64	琼海市 14.31	琼海市 16.17
第5名	琼海市 13.94	琼海市 14.29	五指山市 10.47	东方市 12.45	万宁市 14.13	万宁市 16.11
第6名	万宁市 12.94	万宁市 12.64	万宁市 10.18	海口市 12.05	文昌市 13.87	东方市 15.87
第7名	东方市 12.25	儋州市 11.89	东方市 10.18	万宁市 11.65	儋州市 13.66	文昌市 15.8
第8名	儋州市 12.0	东方市 9.87	儋州市 9.21	儋州市 10.69	东方市 12.9	儋州市 14.53

注：①民生综合指标包括教育发展、社会保障、就业发展、卫生发展、住房保障5项子指标。

②从2010年开始，海南省将住房保障指标纳入考核。

③根据表2-3至表2-7汇总。

第二节 支撑要素分析

农业现代化与城镇化是经济社会各支撑要素相互作用的结果，这些支撑要素主要包括经济发展、城乡居民收入、生态环境、民生改善、文化发展、社会稳定等。下面主要介绍三亚2006—2010年各支撑要素的发展情况。

一 经济发展（支撑要素之一）

在海南省各市县经济和社会发展考核中，反映经济发展的考核指标主要包括人均生产总值、经济发展结构、人均财政一般预算收入、人均固定资产投资4项，其中，经济发展结构指标反映了经济发展的质量。2006—2010年三亚市人均生产总值指标得分分别为11.93分、11.66分、9.36分、7.35分、7.31分；人均生产总值（不含农垦）绝对增加量分别是3431元、8441元、4072元、4313元、10834元；在8市中连续5年排名第一。2006—2010年三亚市人均财政一般预算收入指标得分分别为13.85分、10.86分、7.09分、5.80分、5.38分，除了2009年在8市中排名第2外，其他4年均排名第1；人均财政一般预算收入绝对增加量分别是520元、1164元、1629元、1069元、3012元，连续5年排名第1。2006年—2010年三亚市固定资产投资指标得分分别为5.16分、3.48分、3.62分、4.33分、4.99分，各年在8市中排名分别为第1名、第1名、第2名、第2名、第1名；固定资产投资绝对增加量4167元、8866元、8868元、11127元、18008元，连续5年排名第一。2009年、2010年三亚经济发展结构指标得分分别为3.19分、2.39分，在8市中排名第2位、第3位。2006—2010年三亚经济发展指标综合得分连续5年在8市排名第一，在全省也连居第一名，三亚经济发展指标5年综合得分平均23.55分，高出8市第8名平均分15分（见表2-10）。"十一五"期间，经过全市人民的不懈努力，三亚经济总量明显扩大，人均生产总值明显提升，政府财力显著增强，经济实现了大发展、大跨越。

（一）经济总量实现跨越式增长

海南建省升格初期的1988年，三亚全市生产总值（不含农垦，下同）仅为3.76亿元，1993年生产总值突破10亿元大关，2005年全市生产总值为66亿元，2007年首次突破百亿大关，2010年全市生产总值突破200亿大关。三亚升格地级市，用5年的时间GDP突破了10个亿，用19年的时间突破了100个亿，只用3年的时间就突破了200个亿。经过全市5年的不懈努力，2010年三亚GDP达到230亿元，是2005年GDP66亿元的3.5倍。

（二）人均生产总值明显提升

随着经济总量的增加，三亚全市人均生产总值水平迅速增长。1988年三亚市升格地级市，人均生产总值仅1364元，2003年人均生产总值首次突破1万元，2007年、2008年分别跨越2万元、3万元，2009年达到35750元，按当时汇率折算，人均生产总值达到5237美元,超过5000美元大关,按照世界银行划分标准,三亚市已跨入中等偏上收入地区行列。2010年三亚人均生产总值达到46596元,是2005年人均生产总值15031元的3倍,是1988年人均生产总值1364元的34倍。经过5年的努力,三亚在向全面建设小康社会进程中迈出了坚实的一步。

(三)经济增长态势良好

2005—2010年,三亚市经济年均增长18%,高于"十五"时期5.5个百分点,经济增长一直保持在高位稳健运行,同时物价基本呈温和可控态势。5年来,居民消费价格分别上涨1.3%、4.0%、5.5%、-0.2%、3.4%,年均增长2.8%。"十一五"期间,三亚经济发展保持了"高增长、低通胀"的良好态势,是三亚升格地级市以来最好的发展时期。

(四)经济发展方式明显转变

2005—2010年,三亚市大力发展旅游业及相关服务业,努力形成以旅游业为龙头,以现代农业、海洋产业、创新创意产业、商贸业、房地产业、文化产业为支撑的符合三亚市发展需要的现代产业体系,经济结构不断调整优化,第一产业比重逐年降低,第三产业比重快速提升。1995年三亚市三次产业比重为27.0:32.9:40.1,2005年三次产业比重升到25.9:22.8:51.3。10年间,第一产业比重仅降低1.1个百分点,第三产业比重上升了11.2个百分点。2010年三亚市三次产业比重上升至13.4:21.4:65.2,5年间第一产业比重下降了12.5个百分点,第三产业比重上升了

13.9个百分点，经济结构得到明显优化，第三产业日益成为三亚经济增长的重要支柱和主动力。

（五）固定资产投资显著增加

2005—2010年，三亚市加强民生、基础设施、环境保护和优势产业等领域的建设，实施重点项目带动战略，一批事关全市大局的重大工程和项目相继建成，为三亚经济社会实现跨越式发展奠定了坚实的基础。2005年三亚市全社会固定资产投资48.9亿元，2010年达到305.2亿元，5年间全社会固定资产投资额增长了6倍多。"十一五"时期三亚市全社会固定资产投资累计844亿元，占1998年三亚升格地级市以来各年度固定资产投资额总和的72.5%。

（六）政府财力持续增强

随着三亚经济快速发展和经济规模的不断扩大，社会财富不断积累，财政实力不断增强。1988年三亚地方财政一般预算收入仅0.25亿元，1993年地方财政一般预算收入突破1亿元，2007年突破10亿元，2008年突破20亿元，2009年突破30亿元，2010年突破40亿元。"十一五"时期，三亚地方财政一般预算收入年均增长高达42.1%，比"十五"时期高18.6个百分点，2005—2010年5年地方财政一般预算收入总和是升格地级市至2005年各年度地方财政收入总和的2.7倍。2010年三亚地方财政一般预算收入达到42亿元，是2005年地方财政收入的5.8倍，是1998年升格地级市之初的169倍，地方财力的增长明显改善了三亚市政府调控地方经济、加强薄弱环节建设、改善民生的能力。

地方财政一般预算收入占GDP的比重是反映一个地区经济运行质量和经济结构优劣的重要参数。从2005—2010年，三亚市地方财政一般预算收入占GDP比重逐年上升，经济发展的含金量逐年提高。2010年三亚市地方财政一般预算收入占GDP的比重达到18.3%，高于全省同期平均水平5.3个百分点，比2005年高出7.3个百分点，比2001年高出10.2个百分点。

表2-13　2000—2010年三亚市地方财政一般预算收入占GDP的比重与全省对比情况（单位：亿元）

年份	三亚 财政一般预算收入	三亚 GDP	三亚 占比（%）	全省 财政一般预算收入	全省 GDP	全省 占比（%）
2001	3.0	36.82	8.1	43.77	579.17	7.6
2002	3.3	41.99	7.9	46.24	642.73	7.2
2003	4.1	47.88	8.6	51.32	713.96	7.2
2004	5.3	57.86	9.2	57.04	819.66	7.0
2005	7.3	66.29	11.0	68.68	918.75	7.5
"十五"时期	23	250.84	9.2	267.05	3674.27	7.3
2006	9.7	86	11.3	81.81	1065.67	7.7
2007	15.4	113.74	13.5	108.29	1254.17	8.6
2008	21.1	149.28	14.1	144.86	1503.06	9.6
2009	26.7	173.32	15.4	178.21	1646.6	10.8
2010	42.2	230	18.3	267	2050	13.0
"十一五"时期	115.1	752.34	15.3	780.17	7519.5	10.4

案例1：创新开发模式，全力推进海棠湾的开发建设

海棠湾位于三亚市东北部滨海地带，开发面积98.78平方公里，和亚龙湾、大东海、三亚湾、崖州湾并列三亚五大名湾。2007年5月，海棠湾被海南省政府批准规划定位为"国家海岸"，这决定了海棠湾在中国滨海度假地的战略地位，意味着将以世界级旅游休闲度假区为目标来建设，成为国家品牌。

海棠湾开发区建设范围大，项目多，是三亚新一轮发展的引擎，被列为三亚开发建设的"一号工程"。规划区全部建成后将成为三亚市东部的主要新城区，人口发展规模为25万人。

根据原来的设想，海棠湾采取以企业为主的开发模式，投资商负责一级开发和基础设施建设，政府和企业进行利润分成。这种开发模式可以解决政府资金短缺问题，克服开发初期建设的困难。但实践中发现这种模式存在诸多弊端：一是一级土地开发成本无法控制，政府很难审计企业的开发成本。二是土地收益较少，一方面企业联合向政府提出苛刻条件，坚持拿走绝大多数的利润分成；另一方面如果一级开发商参与项目招标，其他企业很难与之竞争。三是政府没有开发的主动权，项目开发建设周期较长。一级开发商都在等待周围土地开发升值，圈地不动，不断拖延开发时间以获得更大的利润。这些原因造成了海棠湾开发建设步伐缓慢，在很长一段时间里，海棠湾开发建设没有取得任何实质性进展。

2007年初，市委、市政府决定调整海棠湾开发模式，确定将开发商进行土地一级开发的模式转变为以政府为主导的开发模式，即政府主导海棠湾的统一规划；政府主导海棠湾的征地、拆迁、安置；政府主导海棠湾的基础设施建设；政府主导海棠湾的招商引资和项目推介。在三亚所有的片区开发中，这种开发模式是首次尝试。为此，我们成立了海棠湾管委会和海棠湾开发建设有限公司，专门负责海棠湾的开发、建设、管理和协调工作，以及负责政府投资项目资金的管理和基础设施建设。

实践证明，海棠湾开发模式调整取得了明显成效：

——采取多种措施保证失地农民的近期利益和长远利益，村民从怀疑到理解，再到主动参与配合，征地工作推进十分顺利，整个过程没有抢种一棵苗、抢盖一间房、抢修一座坟。截至2008年6月底，已发放补偿款3.2亿元，海棠湾一、二期用地约1.4万亩已基本完成征地工作。

——基础设施建设推进顺利，继2007年投资5.9亿元建设基础设施后，2008年政府新增投资20亿元，用于建设道路、污水处理厂、安置区等项目。

——实行项目带土地方式进行招标，确保政府收益最大化，项目业主最优化。从出让第一批商业用地到出让第二批商业用地，不到半年时间，海棠湾土地价格就翻了一番，成为三亚最新投资热点。新加坡星狮集团、中港公司、今典集团、哈萨克斯坦商业银行投资股份公司和香格里拉大酒店等一批全球著名企业和品牌酒店进驻海棠湾，其中两家五星级品牌酒店已开工建设。

海棠湾的开发建设体现三亚的速度和效率，我们要求海棠湾开发实行"两个24小时""两个一律"。即海棠湾开发建设工程指挥部要实施24小时工作制，及时为企业和农民服务，及时协调解决开发建设中出现的问题；基础设施建设要24小时不间断施工，全力推进，确保工程项目按时按质按量完成。政府工作人员因服务质量严重影响项目推进和建设的一律停职调离、接受审查；各项目业主不能按要求保质保量完成工程进度的一律依照合同要求采取经济处罚，对情节严重的淘汰出局。下一步我们将调整海棠湾镇的管理体制，相关领导及内设机构人员尽可能交叉任职，同时市政府授权海棠湾管委会全权管理海棠湾开发建设有限公司，形成有利于全面加快海棠湾开发建设的体制和机制。

案例2：加快重点领域和关键环节的体制机制改革，为经济发展创造良好环境

近年来，三亚市委、市政府坚持从制约发展的突出矛盾入手，从人民群众最关心的问题入手，理顺城市管理体制，着力打造更加开放、更具活力、更为高效的体制机制环境。

一是深化行政管理体制改革，加快政府职能转变。立足市情，积极探索实行职能有机统一的大部门体制。对现有部门中职能交叉、业务相近的机构进行整合，科学设置，明确职责，形成权责一致、分工合理、决策科学、执行顺畅、监督有力的行政管理体制。

——在全省率先成立了综合行政执法局。三亚市将城管、爱卫、规划、建设、园林、国土、环保、工商、卫生、公安、交通、海洋、供销、商务、水务、林业、文体等部门共17个方面的行政执法职能，以及5项审批管理职能，划转给综合行政执法局统一行使（简称三亚"17+5"模式）。综合行政执法试点工作开创了全国城市管理综合执法试点工作的"三个之最"，即所划转相对集中行政处罚权最多、合并管理职能最广、管理范围涉及面最大的综合执法机构。

——实行城市管理和服务重心下移，将执法力量和园林环卫力量下放到区镇，充分发挥基层组织作用，提高城市管理和服务水平。

——推进国有企业改革，成立了海棠湾管委会、三亚湾管委会、天涯海角旅游发展有限公司和新的市国有资产管理公司，组建两家国有公交公司，进一步加强政府在重点项目上的主导能力和公共服务能力。

——积极探索大部门管理体制，将园林、环卫部门合并，成立园林环卫管理局，将规划、建设部门合并，成立规划建设局，进一步提高政府部门工作效率和服务水平。

二是加强制度建设，创新机制，提高效率。

——大力改善投资环境。我们提出要把三亚打造成为旅游者的天堂、投资者的乐园，成为全国投资环境最好的城市之一。为此，出台了《三亚市关于改善投资环境的决定》，从项目进入、项目报建、项目建设及竣工管理、保障措施四个方面制定了19条具体规定。凡发现任何部门或个人有违反投资环境有关规定的行为，并造成恶劣影响的，对责任人一律先免职后处理。今后我们还要进一步加强政府服务环境建设，规范行政行为，减少和规范行政审批，凡是不符合十七大精神的行政审批要一律取消。我们要打造一流的投资环境，让每一个投资者进得来、留得住、发展好。

——实施《三亚市一会五库管理规定》，推进政府投资项目代建制。进一步增强政府主导投资项目的科学性，提高项目实施效率，有效规避投资严重超概风险，从源头上预防腐败。建立《三亚市重点项目投资建设风险防范预警机制》，对项目进度和投资量提出明确要求，对完成情况差、长期停建的项目坚决收回，绝不允许再出现"半拉子"工程。在城市拆迁安置工作中，坚持把执政为民作为城市规划的价值取向，原则上采取群众最能接受的安置模式，特别是把就地安置作为规划编制优先考虑的问题。

——制定《三亚市委市政府议定事项的督办制度》，对市委常委会、市委财经领导小组会、市规划委员会、市政府常务会等重大会议议定的事项，明确督办内容、承办责任人及办理时限。目前，85%的议定事项得到及时的贯彻落实。

——建立重大项目推进责任制，市领导担当重大项目责任人，对重大项目和重点推进项目进行跟踪服务。市里编制出台了《重大项目责任表》《重点推进项目责任表》和《关于建立重大项目推进工作制度的决定》。市领导对于分管负责的项目要做好跟踪服务工作，积极主动协调解决项目建设中的问题，同时，市委、市政府也赋予了分管领导最终拍板的权力。

——建立领导干部巡查制度。市四套班子领导对城市管理、环境卫生、旅游秩序、交通秩序等要进行巡查。每个月至少乘坐公交车、出租车3次，查找交通秩序及城市管理存在的问题，及时发现问题、解决问题。

——开展创建五星级服务机关活动。牢固树立"人人都是投资环境"和"机关效率是城市新的竞争力"的意识，推行"机关五星级服务"标准，建立绿色服务通道，积极倡导和推行"政务提速"。全市有46个机关单位参与了此项活动。机关作风进一步转变，发展环境得到较大改善。

——加强干部队伍建设。我们每年组织机关干部参加深圳、上海、新加坡等地举办的专门培训班，并安排后备干部到上海等发达地区挂职锻炼。坚持正确的用人导向，坚持干部"四化"方针和德才兼备的原则，选拔任用了一批德才兼备、年轻有为的干部，特别是提拔重用了在一线工作和重大事件、关键时刻中表现突出的干部。进一步深化干部人事制度改革，大胆提拔使用优秀年轻干部，让他们有施展才干的舞台。2007年我们面向全省公开选拔了10名年轻处级干部，进一步优化了领导班子结构，同时，也拓宽了我们识人视野和选人渠道，为更多优秀人才脱颖而出创造了有利条件。

加大人才引进力度。2003—2008年，三亚分6批招录了152名（目前留在三亚的）学士及学士以上学历重点大学毕业生充实干部队伍，其中博士15人，硕士107人，学士30人。

根据调查表明，96%的用人单位对引进的大学生表示满意，70%以上的引进大学生已成为单位的业务骨干，部分人才已经走上了领导岗位。干部队伍的活力和战斗力进一步增强。

三亚体制机制改革的一系列措施，有力地推进了重点项目建设，极大地提高城市管理和服务水平。实践证明，三亚的改革措施是成功的，是符合三亚发展需要的，要毫不动摇地坚持下去。今后三亚还要在制度、机制、方法等方面，大胆实践，大胆创新，努力构建更具活力的体制机制。

二 生态环境（支撑要素之二）

生态环境是指影响人类生存与发展的水资源、土地资源、生物资源以及气候资源数量与质量的总称，是关系到社会和经济持续发展的复合生态系统。

在海南省各市县经济和社会发展考核中，反映生态环境改善的考核指标主要包括国土环境资源保护、节能降耗、污染物减排三项，2006—2010年三亚市国土环境资源保护指标得分分别为2.79分、4.69分、4.31分、4.66分、3.22分，平均3.93分，在全省8市中排名第一。2009年和2010年三亚市节能降耗指标得分均为5.0分，在全省8市中排名第一。2007—2010年三亚污染物减排得分分别是4.01分、3.86分、4.52分、3.5分，平均3.97分，在全省8市中排名第二。2006—2010年，三亚生态环境综合得分除2006年在8市中排名第三外，连续4年排名第一，五年平均分10.5分，排名8市第一

（见表2-11）。说明三亚市在经济获得发展的同时，生态环境改善也是最显著的。

节能降耗："十一五"期间三亚高度重视节能减排工作，落实节能减排责任制，节能取得新成效。一是积极调整产业结构，严格控制高耗能行业项目建设，重要项目实行环评一票否决制。二是加强节能目标责任管理，加大节能资金投入，积极推广新型清洁能源、材料、技术，加快推进亚龙湾蓄冷节能工程建设，继续推广风光互补节能灯等。三是加大对工业废气超标的整治力度，坚决淘汰落后产能，在全省率先终结实心粘土砖厂，成功拆除全市二氧化硫、粉尘排放大户——三亚华盛天涯水泥厂，每年减少约345吨二氧化硫和546吨烟粉尘的排放。2009年全市万元GDP消耗0.78吨标准煤，比2005年下降了14.8%，年均下降3.94%，提前超额完成省下达节能减排任务，是全省"十一五"前四年累计降低率的2倍。

污染物减排："十一五"时期，三亚大力推进城乡环卫基础设施建设，完成生活垃圾卫生填埋场工程和鹿回头半岛污水处理厂续建及荔枝沟水质净化厂工程建设，积极推进红沙、田独、红塘湾、海棠湾、荔枝沟落笔洞等污水处理工程和城市污水管网改造工程，加快推进城市生活垃圾集转运工程项目建设，城市污水和生活垃圾处理系统进一步完善。2010年全市处理生活垃圾19.68万吨，处理渗滤液2.89万吨，生活垃圾无害化处理率和生活垃圾渗滤液达标处理率均达到100%；城镇污水集中处理率提高到79.8%。

环境资源保护:"十一五"时期,三亚高度重视环境保护工作,大力推进生态建设,环境保护成绩斐然。一是实行环境卫生责任制,狠抓城市环境卫生,获得"国家卫生城市称号",并建立了巩固和提高的长效机制。二是积极推进受损山体绿化恢复工作,稳步推进海防林和"三边林"建设,切实抓好退耕还林工程。三是加强海洋环境监察,积极开展海洋环境整治和"蓝丝带"等海洋资源保护活动,强化重点海洋海湾环境和海岸工程监管,加强海防林保护,推进三亚湾、槟榔河片区、三亚河流域等海湾河道治理。四是加强生态文明建设,建成亚龙湾森林旅游公园,对槟榔河片区进行改造并依托丰富的乡村旅游精心打造"槟榔河乡村文化旅游点",加快农村沼气改造,新农村建设取得新进展。2010年全市建成文明生态村572个(以村民小组为单位),在建文明生态村129个,已建成和在建文明生态村占全市村民小组总数(890个)的78.8%。在全省率先实现了所有村民小组主次村道硬板化目标。2010年三亚全市共有自然保护区8个,其中国家级自然保护区1个,省级自然保护区2个。自然保护区面积12619公顷,其中陆域面积7051公顷,海域5568公顷。全市造林面积72.7公顷,其中人工造林72.7公顷;森林覆盖率68%,城市建成区绿地率达41.61%,城市建成区绿化覆盖率达45.31%,城市建成区人均公共绿地面积达18.97平方米,生态环境质量继续保持全国一流,城市环境空气质量优良,主要污染物二氧化硫、二氧化氮含量符合国家环境空气质量一级标准。

案例 3：关闭拆除冒烟 31 年的水泥厂，保护三亚绿水青山

三亚华盛天涯水泥厂是三亚的工业大户、纳税大户，2006年为三亚市上缴税收 1600 多万元。同时，三亚华盛天涯水泥厂也是一个污染、耗能大户，2006 年该厂二氧化硫排放量、工业粉尘排放量、烟尘排放量分别占到全市工业排放量的 97%、93.7%、80.9%。而且，该厂采用立窑生产方式，耗能高、污染大，2006 年被海南省政府办公厅列入"十一五"期间全省 12 家重点耗能企业进行监管。作为国际性旅游城市，保护生态环境就是保护发展的生命线，三亚的节能减排标准应该比国内任何一个城市都要高。华盛天涯水泥厂虽然多项环境指标达到国家标准，但仍然是三亚大气质量的主要污染源，是三亚大气质量的"头号杀手"。关闭华盛天涯水泥厂刻不容缓，这是保护三亚可持续发展的生命线的迫切要求。

另外，随着三亚市区北移，在三亚的城市规划中，华盛天涯水泥厂所在区域是未来发展教育、科学城之地。关闭华盛天涯水泥厂，不仅是三亚规划布局调整的现实需要，更是三亚长远发展的战略需要。尽管省里明确要求华盛公司在 2008 年 8 月 31 日前关闭在三亚的 5 座立窑生产线，但市委市政府决定提前一年关闭华盛天涯水泥厂。

发展职业教育同样是三亚迫在眉睫、刻不容缓的大事。三亚每年初中毕业生有 4000 多人没有就业技能就直接走向社会，另外三亚目前农村劳动力约 19 万人，2006 年全市新增就业岗位

17000人，其中本市农村劳动力转移仅7000多人。提高城乡劳动力素质，顺利转移农村富余劳动力，关键在于加强职业教育。

　　三亚关闭华盛天涯水泥厂，腾出154亩地，用于建设市中等职业技术学校二期工程，打造一所海南南部规模最大、质量最优的职业技术学校。学校全部建成后，招生规模可达1万人。2007年起市政府实行"三免一补"政策，每年将投入2000多万元，帮助三亚3000名农村和城市低收入家庭初中毕业生就读职业技术学校。通过职业教育培训，逐步引导偏远山区的人口向沿海地区迁移，合理调整三亚的人口布局，更好地保护三亚珍贵的自然生态资源。这对三亚在全省领先消除城乡二元结构、率先实现全面小康目标具有重大的战略意义。同时，三亚市职业技术学校还可以吸引三亚周边市县初中生就读，带动周边市县劳动力培训和就业。可以说，这是三亚重大的素质教育项目、扶贫项目、生态保护项目。

　　拆除水泥厂、建职业学校，情况错综复杂，历史遗留问题多，涉及面广、工程量大，在推进过程中困难重重。我们专门成立了领导小组，深入实际调查研究，仅用20天就摸清了企业固定资产投入及生产经营情况、职工工资福利情况、改制遗留问题、职工思想动态等。在这个基础上果断决策，科学决策。市政府安排3600多万元，一揽子解决水泥厂职工一年工资及社保费和企业改制遗留问题。同时政府合理补偿企业损失，支持企业发展新项目。政府的举措得到了企业和广大职工的理解和支持，确保了社会稳定、和谐拆迁，实现职工、企业、政府"三赢"。

此举在全国产生了极大的反响,国内各主流媒体包括《新闻联播》和《焦点访谈》在内跟踪报道相关文章150多篇,对三亚的做法给予了高度评价。

三 民生改善(支撑要素之三)

民生改善情况直接由基本公共服务水平反映。基本公共服务是指建立在一定社会共识基础上,根据一国经济社会发展阶段和总体水平,为维持本国经济社会基本公共服务的稳定、基本的社会正义和凝聚力,保护个人最基本的生存权和发展权,为实现人的全面发展所需要的基本社会条件。

基本公共服务包括三个基本点,一是保障人类的基本生存权(或生存的基本需要),需要政府及社会为每个人都提供基本就业保障、基本养老保障、基本生活保障等;二是满足基本尊严(或体面)和基本能力,需要政府及社会为每个人都提供基本的教育和文化服务;三是满足基本健康,需要政府及社会为每个人提供基本的健康保障。从以上标准判断,义务教育、公共卫生和基本医疗、基本社会保障、公共就业服务,是广大城乡居民最关心、最迫切的公共服务,是建立社会安全网、保障全体社会成员基本生存权和发展权必须提供的公共服务,成为现阶段中国基本公共服务的主要内容。

在海南省各市县经济和社会发展考核中,民生改善指标包括就业发展指标、社会保障指标、教育发展指标、卫生发展指标、保障性住房指标5项。2006—2010年，三亚市就业发展指标得分分别为：6.83分、2.88分、4.14分、4.86分、3.34分，连续5年全省排名第一；三亚市社会保障指标得分分别是5.9分、4.61分、4.97分、4.99分、3.99分，连续5年全省排名第一；三亚教育发展指标五年平均得分为4.2分，在8市排名第一，也居全省第一，比全省平均分高0.7分；三亚市卫生发展指标五年平均得分为4.8分，在8市中排名第一，也居全省第一，比全省平均分高1.03分。从2006年—2010年，三亚民生改善指标综合平均得分在8市中的排名第一（见表2-12）。总体来看，三亚基本公共服务水平不断提高，民生持续改善，各项民生指标在全省均名列第一。

经济发展的根本目的是改善民生，提高居民基本公共服务水平。三亚市委市政府始终坚持高度关注民生，制定实施了《三亚市2008—2013年重点民生项目发展规划》，在经济发展取得辉煌成就的同时，积极发展就业、社会保障、教育文化、医疗卫生等社会事业，不断加大民生工程投入力度，努力做到学有所教、劳有所得、病有所医、老有所养、住有所居。"十一五"时期，三亚市累计投入重点民生项目资金76.2亿元，2010年为29.5亿元，是2006年的9.4倍，年均递增75.2%。

教育："十一五"时期，三亚市实施优先发展教育战略，不断加大教育资金投入力度，加快推进三亚教育现代化进程，5年来教育民生工程累计投入20.6亿元，教育事业发展迅速，中小学教育、职业教育、高等教育办学质量和环境显著提高。

一是加快中小学布局调整，全市改建、新建中小学校舍55万平方米。二是加强教师队伍建设，全面实施义务教育学校绩效工资政策，调动教师队伍工作积极性，提升教学质量。三是实行义务教育"两免一补"、职业教育"三免一补"政策，继续免除公办学校三亚市生源高中学生学费，将免除学费和杂费的范围从农村扩大到全市，进一步规范学生资助体系管理。2010年全市共拨付"两免一补"、"三免一补"及生活补贴等经费7000多万元。四是支持高等教育发展，积极推进三亚中等职业技术学校、琼州学院三亚校区、理工职业学院等高校建设项目，琼州学院校区、理工职业学院等高校发展迅速。2010年高校和职业学校学生达到4.47万人，是2005年的16.3倍。

社会保障："十一五"时期，三亚市积极构建以养老保险、医疗保险和最低生活保障为主要内容的城乡统一的社会保障体系，不断加大社会保障投入力度，社会保障民生工程累计投入11.9亿元，社会保障事业获得长足发展。一是城乡社保覆盖面显著扩大。2010年三亚全市参加城镇从业人员基本养老保险人数达154070人，覆盖率为98.99%，比2005年提高18.59个百分点；城乡居民基本医疗保险覆盖率为99.98%，比2005年提高33.74个百分点；城镇从业人员失业保险人数为153097人，覆盖率为97.86%，比2005年提高25.77个百分点。二是城乡居民低保水平和医疗救助标准显著提高，处于全省领先。城市、农村居民最低生活保障标准分别从2006年的每月220元、90元提高到每月330元、235元。从2008年开始，三亚对五保户开始发放生活补贴，2010年五保户生活补贴达到每月260元，比2008年增长73.3%。城乡医疗救助标准达到人均8000元。60周岁以上农村老人每月发放养老金55元。2010年城乡最低生活保障人口21143人，比2009年减少10062人；最低生活保障金的实际发放数为5993万元，比2009年增加168万元。2010年年末全市抚恤、补助各类优抚对象525人，比2009年增加19人。三是率先出台城乡统一社保政策。出台《三亚市城乡居民基本医疗保险暂行办法》，在全省率先整合新型农村合作医疗和城镇居民基本医疗保险制度，建立了统一的覆盖全体城乡居民的基本医疗保险制度。

公共医疗卫生："十一五"期间，三亚积极推动公共卫生体系建设，加快医疗卫生体制改革，加大公共医疗卫生事业投入力度，5年来全市卫生和医疗民生工程累计投入7亿多元，解放军总医院海南分院、市人民医院二期、市中医院二期和市妇幼保健院整体搬迁等重点医疗机构项目进展顺利，农村卫生院和社区卫生服务站等机构建设加快，社区卫生服务网络覆盖面持续扩大。2010年全市共有卫生机构391个，病床位2208张，各类卫生技术人员3456人。全市共有疾病预防控制中心1个，市属卫生院11个，社区卫生服务中心3个。全市行政村卫生室覆盖率100%；社区卫生服务网络覆盖面达到100%；计划免疫"七苗"接种率95.4%。5岁以下儿童死亡率为11.62‰，比2009年下降2.65个千分点。

就业："十一五"时期，三亚市不断加大就业工作投入力度,大力开展就业培训和就业扶助,着力抓好高校毕业生、下岗职工、农民工和困难群体就业工作,加快富余劳动力转移,不断开发公益性岗位,落实就业补贴优惠政策,就业工作取得新成效。5年来,三亚就业民生工作累计投入2912万元,新增城镇就业岗位近12万个,其中2010年全市新增就业岗位36850个,比2009年增长21.9%;比2006年的18940个增长了近1倍。转移农村富余劳动力18781人,比2009年增长2.0%;比2006年的14022人增长了33.9%,年均增长7.6%;城镇登记失业率一直控制在预期目标之内。

住房保障:"十一五"期间,三亚始终将住房保障工作作为一号民生工程,不断加大保障性住房建设力度,积极建立健全住房保障制度,在土地供应、规划条件、建设资金、政策扶持等方面予以支持,加快推进少数民族地区茅草房和危房改造,确保城乡居民住房条件有明显改善。2008年以来,三亚市已建成廉租住房2469套,并已于2009年完成省政府下达的3年廉租房的建设任务;完成少数民族地区茅草房改造3640间,彻底完成全市茅草房改造;完成危房改造2205间;发放住房租赁补贴1013万元。2010年全市已分期分批开工建设保障性住房项目7个,建设住房9966套,已开工套数占省政府下达任务的172%。2010年城镇居民人均住房使用面积25.3平方米,比2005年增加了0.7平方米;农村居民人均住房使用面积28.6平方米,比2005年增加了6.27平方米。

案例4：开展"双提高"活动，把交通、环境卫生问题作为重要民生问题加以解决

如何让交通和卫生条件符合国际性热带滨海旅游城市的发展要求，是三亚市委市政府长期致力解决的问题。三亚市交通秩序混乱，具体表现为"三多三少"："摩的"多（7000多辆）、出租车回扣多、车辆闯红灯多；公交车少、公交站牌少、红绿灯少。交通管理不仅是城市形象问题，更是民生问题和社会管理问题，这是政府义不容辞的责任。

2007年初，三亚市委要求市四套班子成员春节期间乘坐出租车和公交车，亲身体验，查找问题。在充分调研的基础上，市委决定以整治交通秩序和环境卫生为突破口，开展"双提高"活动，一手抓国家卫生城创建工作，一手抓交通秩序整顿。

三亚提出交通整治实施"三步走"：第一步是大力发展公共交通，第二步是整治出租车市场秩序，第三步是取缔"摩的"，这三个步骤环环紧扣。2007年市政府投资2000万元购置50辆公交大巴车，投资1056万元新建176个候车亭，新增4条公交线路、调整3条公交线路，极大方便了市民和游客出行；投资1786万元在全市主要路段路口安装259个"电子眼"。成立了城市综合整治突击队，大规模地开展集中整治，交通秩序明显好转。

但仍然存在一些具体问题，如出租车承包金的问题。在调研过程中，出租车司机和老百姓反映，出租车拒载、宰客、欺客、拿回扣等现象严重的根本原因是承包租金太高。根据这一情况，市委市政府要求交通部门进一步摸清情况，并限定时间，要求履行政府职能，协调企业把承包租金降下来。这期间市委市政府还反复督促职能部门，下了最后"通牒"，但一年都没有降下来。

"三亚出租车承包金为什么降不下来"？有以下几点原因：

1. 政府职能部门执政能力不足。职能部门政策水平跟不上，导致对国家有关政策规定的理解有偏差；尤其是在市场经济条件下，其驾驭复杂问题和解决实际问题的能力难以适应新要求。

2. 情况不明，受制于企业。没有全面正确地掌握企业经营情况，任由企业虚报成本，工作上陷于被动局面。比如政府一提出要调整承包金或者增加运力，立即遭到出租车企业协会强烈反对，甚至少数企业还煽动不明真相的司机上访闹事。在政府组织的听证会上，出租车司机代表还表示目前的承包金不高，他们能够接受，与我们调研的情况截然相反。

3. 职能部门责任心不强，没有履行社会管理职能。不排除职能部门少数干部有腐败行为和充当"保护伞"。当政府的价值取向和企业的巨额利益冲突时，职能部门没有能够处理好民生问题和企业利益的关系，对政府公共资源掌控能力差。

为此，我们决定将出租车承包金下调作为解决民生问题的大事来抓，提出三个"坚定不移"的原则，即：坚定不移地维护广大老百姓的利益，包括乘客的利益、出租车司机和出租车企业的合法权益；坚定不移地打击极少数黑恶势力；坚定不移地把三亚交通秩序整治好。

2007年12月12日，我们成立调研组，深入交通局调查，召开交通座谈会。会后成立了市出租车治理领导小组，领导小组下设维稳工作组、政府政策组、综合组和纪检监察组。这几个组做了深入细致的工作，用了两周时间彻底摸清出租车市场情况，包括出租汽车经营权的来源、运营模式、运营成本、出租车企业纳税情况等。

经过深入调研，发现造成出租汽车承包租金偏高的主要原因，一是行业垄断，二是没有出台出租汽车行业价格管理办法。

目前，全市出租汽车企业共有6家，共有出租汽车1082辆，出租汽车驾驶员1923人。出租汽车行业的经营模式主要是发包经营，出租汽车企业向每个承包人（出租汽车司机）收取12万元风险抵押金，承包者每月向企业交纳5200—7500元不等的承包金（含代缴费用1500元）。出租汽车企业单车可获利润2741.81元/月，单车成本利润率高达68%。这个利润水平不仅远远高于北京、深圳等城市同行业的利润水平，而且比三亚市房地产业利润还高30%以上。同时，一些出租汽车企业在经营过程中有私下非法转让和倒卖出租车经营权现象，倒卖的每辆车价格在36万—45万元，政府部门查处不力，不排除有腐败现象存在。

2002年、2003年三亚市先后两次共拍卖了200辆出租汽车经营权,这部分出租车的产权来源是合法的。2003年以来,政府没有审批新的出租车运力,有900多辆车是通过更新车辆无偿延长了经营期限。即使按每辆车经营权转让每年1万元的价格,每车平均延长经营权6年计算,就等于政府让利4000多万元。如果按目前的市场价格计算,则可能在1亿元以上。出租车企业不但将更新车辆的成本按月租分摊给了承包者,每辆车还向承包者收取约12万元的抵押金。出租车企业没有任何投入就获得了延长的经营权,而且还将经营风险转嫁给了承包人。

这样,政府把出租车经营权几乎无偿地交给了6家出租车公司,并由他们垄断,政府基本上把自己管理的职责让渡给了出租车公司,实现了"管理便利"。另外,出租车公司在不承担风险的情况下坐收巨额暴利。如燃油价格持续上涨,出租车公司的"份子钱"却是旱涝保收,涨价的压力都转嫁给出租车司机和乘客。

摸清了情况,就掌握了工作的主动权,我们采取有力措施,特别是把老百姓和广大司机的利益放在第一位,切实维护企业的合法利益,工作得以顺利推进,确保了社会和谐稳定。今年1月1日顺利下调出租车承包租金,统一公开价为每车每月5300元(含代交费1500元)。

同时,我们还加大力度做好相关工作,进一步规范出租车经营秩序:

——对全市1923名司机进行编队编组,加强组织化管理。

——创新出租车管理体制和模式,出台《三亚市出租汽车管理办法》,制定出租车行业准入机制和退出机制。研究采取"出租车司机+行业协会"的模式,组建混和所有制的出租车运营公司。

——坚决查处出租汽车公司非法私下买卖、炒卖经营权问题。

——继续加大力度发展公共交通,今年又新增2条公交线路,并投入1500万元,购置30辆公交大巴车。下一步我们将降低出租车起步价,让政府的公权真正惠及每一个消费者。

四 文化科技发展(支撑要素之四)

三亚市高度重视文化、科技发展,明确提出建设"文化三亚"。

从2006年—2010年三亚文化建设指标得分分别是:2.85分、3.18分、3.70分、3.85分、1.87分,5年平均得分3.29分,列全省第一,比平均得分高0.63分;三亚市科技进步指标分别是得分分别是:4.28分、1.42分、2.76分、3.26分、2.33分,5年平均得分2.81分,比全省平均分高1.44分,列全省第一。2006年-2010年三亚文化、科技两项指标综合得分平均6.1分,高出全省2.09分,排名全省第一。

"十一五"时期,三亚市大力实施科教兴市战略,积极推进科技创新,科技事业硕果累累。从2006年-2010年三亚全市 R&D 经费支出由 246 万元增长到 17591 万元；全市拥有各类专业技术人员由 7137 人增加到 9962 人，其中，中级职称以上人员由 2505 人增长到 3943 人，年末全市拥有各类科学研究机构由 339 个增长到 356 个。

"十一五"时期，按照建设"文化三亚"的要求，三亚加快推进全市文化建设，加快文化体制改革，积极推动文化产业发展；加大文化事业财政投入，加快文化基础设施建设，5 年来，公益性文化体育建设民生工程累计投入近 2 亿元；同时，积极发展文化事业，推进文化繁荣，为经济建设提供精神动力。一是加强三亚城市文化建设，形成"美丽三亚、浪漫天涯"城市名片、"极力争取"城市精神和"天涯文化"三大文化品牌。二是文化基础设施建设取得重大进展。拆除三亚天涯水泥厂并投资建成市综合体育中心，扩建市图书馆，完成广播电视网络数字化改造及"村村通"工程，镇级文化综合中心和村级文化室全面建成并投入使用，"崖城历史文化名镇"建设积极推进。三是加强对外文化交流，精心打造世界小姐、世界精英模特大赛、天涯国际婚庆节等大型文化品牌赛事，成功举办国际热带兰花博览会、奥运火炬国内首传、环海南岛公路自行车赛等大型活动，提升了三亚在国际上的知名度和美誉度。四是编制《三亚市文化产业发展规划》，文化产业发展取得新成绩。2009 年全市文化产业增加值 7.9 亿元，相当于 2006 年的 2.4 倍，年均增长 33%，文化产业增加值占 GDP 的比重达 4.57%，比 2006 年提高 0.65 个百分点。

案例5：创新重大文化旅游活动，提高三亚的知名度和影响力

三亚根据城市定位，有选择地举办了一批健康时尚、积极向上、影响力较大的高端活动。三亚先后成功举办了第57届世界小姐总决赛，第二、三届中国（三亚）国际广告艺术节，第一、二届中国（三亚）国际热带兰花博览会等重大文化旅游活动。进一步创新思路，成功打造了"清凉一夏、三亚度假"夏季旅游产品品牌，有力促进了旅游业的发展。

特别是2006年以来，三亚深入开展"六个一工程"征集活动，即征集一张城市名片、拍摄一部电影、征集一首歌曲、创作一部小说、摄制一部风光片、打造一台文艺节目。三亚城市名片征集活动取得了圆满成功，共征集了来自海内外精彩名片150多万条，最终推出了"美丽三亚·浪漫天涯"的中文名片和"Forever Tropical Paradise—Sanya（永远的热带天堂——三亚）"的英文名片，为美丽的三亚插上了文化的翅膀，使三亚成为最受世界关注的城市之一，达到了从自然和文化两个方面宣传三亚、为旅游业发展提供文化内涵和持久动力的目的。

2008年，三亚成功举办了2008中国奥运火炬内地首传活动。奥运圣火传递是举世瞩目的事情，三亚借助这个平台，向世人展现一个初具规模的国际性热带滨海旅游城市的形象，这也是三亚支持奥运、参与奥运、为奥运做贡献的体现。三亚发展的理念与奥运会提出的绿色奥运、人文奥运、科技奥运是高度一致的。奥运圣火的传递将为三亚未来发展注入新的更大的活力。

2009年三亚城市精神经广泛征集确定为"极力争取"。早在2006年8月,三亚就成立了《三亚城市精神与文化建设专题研究》课题组,邀请省内外专家、学者开展对三亚城市精神的研究。市委、市政府先后举行了多次大型城市精神座谈会和研讨会,在媒体上进行公开讨论。2008年8月,三亚市委、市政府在全市范围广泛开展征集提炼和评选三亚城市精神表述语活动。为提炼出精辟概括三亚城市精神的用语,评选活动组委会先后多次组织召开工作协调会和社会各界人士、各界青年、政协委员座谈会,并征求百名三亚市人大代表、政协委员意见。组委会还派出3个宣传小组到三亚周边的7个市县开展宣传和征求意见活动,广纳群言,博采民智。评选活动组委会在专家研究和群众讨论的基础上,概括提炼了"极力争取"、"扎实创优"、"美丽创世"、"开拓创新"、"开放包容"五条三亚城市精神候选表述用语供广大市民游客评选,共征集到18万张选票。最终,"极力争取"集市民和专家众望所归,以13.8万张选票当选。"极力争取"的主要含义是:依托自身优势,以科学求实的精神、积极健康的价值取向,抓住机遇,排除万难,把机遇变为现实,从而实现自身价值、美好理想和奋斗目标。"极力争取"之所以为三亚人民所选择,成为三亚的城市精神,有着历史的渊源,它来源于实践,也是三亚未来发展的需要。同时,"极力争取"的精神与"美丽三亚、浪漫天涯"

的城市名片有着内在的联系,是"美丽、浪漫"背后的精神动力和支撑,体现的是三亚人开拓奋进、积极健康的价值取向和只争朝夕、追求卓越的精神品质。

五 社会稳定(支撑要素之五)

在海南省各市县经济和社会发展考核中,反映社会稳定的指标包括社会稳定、安全生产两项。2010年三亚市社会稳定指标得分3.92分,在海南8市中排名第五。2007—2010年三亚市安全生产指标四年平均得分为3.34分,在海南8市中排名第一。两项指标加权平均为3.45分,在8市中排名第一(见表2-14)。

表2-14　　海南省8市社会稳定和安全生产指标得分及排名

市县名称	社会稳定指标得分 2010年	安全生产指标得分 2007年	2008年	2009年	2010年	加权平均分	排名
全省平均	3.89	2.98	3.21	3.39	3.11	3.32	—
海口市	3.97	3.47	2.88	3.55	3.16	3.41	3
三亚市	3.92	3.68	2.76	3.25	3.65	3.45	1
五指山市	3.81	2.16	0.52	4.82	2.34	2.73	7
文昌市	3.90	2.37	4.07	3.87	2.94	3.43	2
琼海市	4.00	2.46	3.65	2.55	3.17	3.17	5
万宁市	3.97	2.00	4.82	3.63	2.11	3.31	4
儋州市	3.99	1.92	2.26	2.10	3.29	2.71	8
东方市	3.81	4.51	2.02	0.58	3.85	2.95	6

注:根据表2-4至表2-7相关指标汇总。

第二章 海南省三亚市的实践探索(2005—2010) / 83

"十一五"时期,在经济与社会蓬勃发展的同时,三亚狠抓城市管理。一段时期以来,由于旅客的大量涌入,加上管理不到位、基础设施薄弱,城市管理问题日益凸显。2010年在海南省委、省政府的正确领导下,在有关部门督促和支持下,我们以建立国家卫生城市的长效机制为载体,进一步狠抓城市管理,产生了很好的效果。国家卫生城市建设,除了一般的卫生标准、疫病防治以外,还包括城市安全、交通、餐饮等共10大项65项指标。因此,"十一五"开局之年,即2006年下半年,三亚重新启动了国家卫生城市建设(三亚创卫生城市始于1992年)。经过三年多的艰苦努力,在17年的创卫基础上,三亚市通过严格考核和检查,2009年被正式命名为"国家卫生城市",这标志着三亚城市管理迈上了一个新台阶。但是,我们深知,提高城市管理水平必须付出长期艰苦的努力,在不断抓好城市管理各项工作的同时,2010年,以建立国家卫生城市长效管理机制为载体,动员全社会力量参与讨论、提高认识,制定措施、共同努力,社会听证、互相监督。对全市卫生工作,我们划分了60个责任片区,确定责任人,明确责任追究。每月分类评比,并采取媒体检讨、纪律处分乃至撤职等措施,以建立严格的责任制。随着人流的大量增加,三亚交通压力也越来越大,在科学引导、合理安排路线(包含部分道路实行单行线)的同时,对一些拥堵区域进行改扩建。从榆林基地到下洋田由双向四车道改扩建成双向六车道,大东海地区环形路网建设、凤凰镇道路改扩建工程,海虹路与凤凰路连线、火车站出口路等项目全面展开，有的已经完工，绝大部分项目将于元旦、春节前完工，届时将大大缓解三亚人流高峰时的交通压力。绕城高速公路及其连接线的全面建成将根本上缓解三亚当前和今后一段时期交通压力，目前，绕城高速公路9条隧道及所有桥梁、路基已经建成，与亚龙湾和天涯连接线已经完工，明年10月全面完成路面建设并全线通车，届时，做厚三亚，实现三亚城的北扩成为现实，也是实现三亚城乡规划"山海相连、指状生长"的理念在空间布局上得以实现的重要一步。在严厉打击违章建筑，欺客宰客和"两抢一盗"等方面，在有关部门的大力支持下，也取得了阶段性成果和明显成效。

对突发事件的处理是城市管理能力的重要体现。2010年国庆期间的强降雨，充分显示了党中央、国务院对海南的高度关注和关心，也充分展示了省委、省政府的坚强领导和组织调度能力，也反映了基层干部的高度工作责任心和在一线应急处理能力。许多市县和部门领导顽强奋战在一线，不顾个人安危，及时组织群众，夺取了这场抗洪救灾全面胜利，实属不易。三亚是迎战这场强降雨最早的地区，虽然降雨量没有后来兄弟市县遭受得那么猛烈，但也是三亚有气象记录以来同期最大的强降水，从2010年9月30日夜到10月4日中午，普降暴雨，一般地区达到500—600毫米，局部地区达940毫米。应对这场强降雨，可以说准备充分、处理妥当、效果良好，同时，三亚近年来水利等基础设施的建设也发挥了极大的作用。在9月23日预报三亚国庆期间可能出现连续暴雨时，市委、市政府于9月24日做出决定，节日期间，市委、市政府党政领导班子必须坚守岗位，各部门的主要领导必须坚守三亚，相关部门（如旅游局、水务局、交通局、安全生产管理局等）必须全员上班，其他部门也要保证有三分之一人员在岗。雨前，我们对水库、旅游景点的安全进行全面检查，并全面启动预案，要求做好准备；雨中，及时处理突发事件，其间，有四名潜水人员失踪后安全返回；雨后，10月6日上午，组织全市党政军民及时清洁城市卫生，有关部门进行局部区域排水，给游客及时提供服务，后续加强卫生防疫和恢复生产。在三亚国庆强降水期间，我们准备充分、组织有序，受到旅客和市民的好评。

案例6：积极应对公共危机，妥善解决"2·25"事件

2007年2月25日，四川游客徐翀一家在天涯海角风景区游览时，被流动商贩纠缠，发生冲突。徐翀一家报警后在天涯边防派出所等候事件处理时，仍被流动商贩威胁、围困长达7个多小时。其间，景区没有一位领导出面过问和安抚，派出所和旅游质量监督部门也没给予明确说法，游客身心受到较大的伤害，激化了矛盾。3月8日徐翀以"愤怒的老驴"为名，在新华网、人民网、新浪、搜狐、网易、天涯社区等主要网站上发表了《如此让人恶心的三亚》一文，在互联网上引起轩然大波。在3月8—28日的20天中，通过谷歌搜索，笔者找到相关网页约24.5万篇。三亚的旅游管理及城市管理问题引起全社会的广泛关注，其中尽管也有积极的评价和良好的建议，但以指责和批评为主。

面对突如其来的媒体事件，市委、市政府高度重视，积极快速应对，要求有关部门尽快查明情况，认真对待处理。在了解游客反映的情况基本属实后，立即展开部署，及时采取措施：

一是以积极、正确的态度面对媒体批评。我们认为天涯海角事件受到媒体及各方面高度关注，是大家对三亚的关爱，我们要自觉接受媒体的批评和监督，特别是要从中了解我们工作存在的不足，以改进和提高城市管理水平。天涯海角不仅是三亚旅游的名片，也是海南旅游的名片。绝不能让游客在三亚受无理对待和伤害，绝不允许任何人损害三亚旅游环境，给三亚、海南抹黑。

二是成立以市委副秘书长牵头，市旅游、工商、国资委等部门参与的调查组，对天涯海角"2·25"事件进一步调查，深入了解细节，明确责任。

三是迅速启动问责制，严肃处理相关责任人。

四是认真做好游客的补偿和安抚工作。市政府有关领导亲自向徐翀一家公开致歉，并及时通报处理结果，争取游客的谅解。

经过多方努力，我们在较短时间内妥善处理了相关事宜，获得了游客的谅解，挽回了舆论形象。但我们不满足于事件本身的解决，而是深入挖掘城市管理和旅游服务中存在的问题，并以此次事件为契机，对天涯海角景区进行全面整治，建立长效机制，彻底解决困扰景区多年的强买强卖问题。同时，以点带面，全面提高城市管理水平和旅游服务水平。

"2·25"事件的处理成效十分显著：

——"愤怒的老驴"变成了三亚的"友好使者"。在徐翀建议下，三亚与遂宁结为友好城市，他本人以奥运火炬手身份参加了在三亚举行的北京奥运火炬境内首传活动，受到媒体和公众的高度评价。

——天涯海角景区在整治后面貌焕然一新，在打击流动商贩强买强卖行为的同时，建立200个扶贫摊点解决了邻近村民的就业问题，旅游服务质量和游客满意度大大提高，实现游客零投诉。

——城市管理水平和旅游服务水平有了很大提升，交通秩序、旅游环境和市场秩序整治等都有了很大的改观。

"2·25"事件的圆满处理与市委、市政府积极应对、果断决策是分不开的。我们在整个处理过程中坚持了几条原则：

一是把游客满意作为旅游服务的价值取向，旅游环境是三亚发展的生命线，为游客提供一个安全、舒适、满意的旅游服务环境，不仅是发展旅游业的需要，更是构建和谐社会的需要。

二是把维护老百姓的切身利益放在第一位，在整治景区环境秩序的过程中，我们充分考虑当地老百姓的就业问题，把打击不法商贩和解决村民就业相结合，让当地居民从景区开发中获得利益，让游客与居民的关系更和谐。

三是把媒体监督作为推动工作的重要力量，对媒体曝光的问题，不回避、不护短，快速反应、主动沟通、因势利导，在舆论上变被动为主动，认真查找不足并积极整改，把坏事变好事。天涯海角"2·25"事件的圆满解决被新华社等新闻媒体称为危机公关的经典案例。

案例 7："三个坚定不移"圆满解决鹿回头片区开发问题

鹿回头半岛区位、生态、人文等条件良好，具有很高的开发价值。从 1992 年开始，省政府就批准整体开发鹿回头半岛。高水平开发建设鹿回头半岛，是历届市委、市政府的战略构想。但是，由于各种各样的原因，鹿回头半岛开发建设历经 10 多年仍没有实质性进展，既没有给老百姓带来更多的实惠，也没有给三亚的发展带来预期的效益，相反，还留下了一些"半拉子"工程。这些"半拉子"工程长期占用资源而不开发，不仅使资源闲置浪费，而且也使我们错失了很多难得的发展机遇，甚至还由此引发了一系列的问题。

2006 年市委、市政府采取措施重新启动建设，但仍有少数人在土地补偿、坟墓搬迁赔偿、生活保障等方面提出过分要求，执意制造事端，抵制项目开工建设。特别是 2006 年 5 月 10 日，极少数黑恶势力煽动群众，阻挠项目开工，围堵市领导和工作人员长达 5 小时，并发生了暴力袭警事件，在全社会产生了恶劣影响。

"5·10"事件发生后,三亚市委、市政府高度重视,成立了领导小组,下设群众工作组、宣传组、案件侦破组。工作组进村入户,深入细致调查研究,认真梳理鹿回头项目的来龙去脉,实事求是地分析项目存在的问题。调查认为鹿回头开发建设完全符合国家和省有关政策和产业的发展方向,也符合三亚城市总体规划。项目相关手续是合法、规范和完备的。"5·10"事件是一起有预谋、有组织的黑恶势力聚众扰乱社会秩序的犯罪案件。

在充分调查的基础上,市委市政府明确了三条硬措施:必须坚定不移地推进重点项目建设!必须坚定不移地维护最广大人民群众的利益!必须坚定不移地打击极少数黑恶势力!

一方面我们坚决打击黑恶势力,把聚众闹事的人控制起来。另一方面耐心细致做好群众工作,将政府的政策措施口号化,让群众掌握政府的政策。特别是从六个方面确保鹿回头群众的利益:一是为鹿回头居委会所有居民办理"农转非";二是安排自留用地出租作为鹿回头老百姓长期的物业收入;三是解决鹿回头群众的就业保障、教育培训和医疗保障等问题;四是土地补偿实行国家最高标准;五是按国家最高标准补偿项目用地范围内现有的地上附着物;六是把鹿回头村作为2006年新农村33个创建点之一,建设内容包括道路、路灯、农贸市场、沼气池、医疗诊所、学校、自来水工程等。

依靠这些硬措施的坚决落实,我们很快理顺了各方面关系,妥善解决了历史遗留问题,同时又挖掘了项目资源潜力,推动了项目建设,增加了政府收益。坏事变成了好事,消极因素化为积极因素。人民群众情绪理顺了,敲锣打鼓、载歌载舞、欢天喜地庆祝项目开工建设。

鹿回头片区开发问题的圆满解决,极大增强了投资者的信心,预计总投资100亿元以上,三亚鹿回头半岛迎来了开发建设的春天。悦榕庄国宾馆已建成营业,新佳鹿回头旅游项目、小东海项目、鹿回头海景大道、鹿回头污水处理进展顺利,鹿回头村面貌发生了翻天覆地的变化,该区域将成为中国乃至世界著名的旅游度假景区之一。

"三个坚定不移"不仅成功地解决了鹿回头项目建设问题,同时也成为我们在创新中解决热点难点问题的基本原则和办法。

六 城乡居民收入（支撑要素之六）

在海南省各市县经济和社会发展考核中,反映人民收入水平指标包括农民人均纯收入、城镇居民人均纯收入两项指标。2006—2010年,三亚农民人均纯收入增长率和增加量指标得分平均为6.21分,在全省排名第一,比全省平均分高1.1分;城镇居民人均可支配收入增长率和增加量指标得分平均为5.86分,列全省第一,比全省平均分高0.95分。

2010年三亚市城镇居民人均可支配收入17758元,是2005年的2.1倍,比2009年增长16.6%,其中,工资性收入10673元,增长16.3%;经营性收入2378元,增长9.8%;财产性收入585元,增长1.0%;转移性收入4122元,增长24.5%。城镇居民人均生活消费支出13081元,增长14.1%。城镇居民恩格尔系数为42.9%,比2009年下降0.5个百分点。农民人均纯收入6502元,是2005年的1.9倍,比2009年增长15.7%,其中,工资性收入869元,增长16.6%;家庭经营纯收入4738元,增长8.0%;财产性纯收入359元,增长44.2%;转移性纯收入536元,增长123.3%。人均生活消费支出(含实物)3905元,增长15.4%。农村居民家庭恩格尔系数为49.3%,比2009年下降0.2个百分点。2010年底,三亚市城乡居民储蓄存款余额达到241.67亿元,是2005年的3.6倍,年均增长29.4%。5年来,三亚城乡居民收入实现倍增,城乡居民生活水平明显改善。

表2-15　三亚"十一五"时期各类人员收入情况对比　(元)

类型 时间	教师	计生专干补贴	村(居)民小组人员补贴	村(居)委会干部补贴	事业单位人员(不含教师)	公务员	城镇居民	农民人均纯收入
2005年	18307	4080	0	6260	17724	24326	8325	3377
2009年	45016	9720	1284	11260	30528	44662	15233	5620
2010年	55268	12120	1680	17428	40728	54859	17758	6502
2010:2005(倍数)	3.02	2.97	1.91(2010:2007)	2.78	2.30	2.26	2.11	1.93
"十一五"时期年均增长率	24.7%	24.3%	24.1%(三年平均)	22.7%	18.1%	17.7%	16.1%	14.1%

从表2-12我们可以看出,三亚各类人员收入均有较大幅

度增长,"十一五"时期,三亚各类人员收入比例增长最快的是教师,2010年的收入是2005年的3倍,年均增长24.7%,人均年收入达到5.5万元,超过公务员工资。事业单位人员(不含教师)年人均收入达到40728元,是2005年的2.3倍,年均增长18.1%;公务员年人均收入54859元,是2005年的2.26倍,年均增长17.7%;城镇居民人均收入17758元,是2005年的2.1倍,年均增长16.1%;增长幅度最小的是农民人均纯收入,2010年是2005年的1.9倍,年均增长14.1%左右,这也是城镇化进程中难以回避的问题。尽管这些年来,三亚采取了大量措施增加农民收入,增长幅度明显提高,但仍然低于其他类人员的收入增长。

案例8:创新城市拆迁改造模式,把群众利益放在第一位

月川社区位于三亚主城区,是三亚最大的城中村,脏乱差问题突出,违章建设十分严重,是三亚旧城改造、拆迁整治中最硬的"骨头",也是全省闻名的拆迁"钉子村"。自1994年以来,市委、市政府就多次试图对该地段进行拆迁改造,但均未能啃下这块"硬骨头"。随着三亚土地资源利用矛盾的日益突出以及三亚作为著名旅游目的地知名度日益提升,2007年,包括月川社区在内的大规模的旧城及"城中村"改造问题再次提上了市委、市政府议事日程。

城中村拆迁问题是社会的热点、焦点和难点,处理不当,就会诱发社会不稳定因素。为了破解这一难题,市委、市政府认真审视传统的拆迁模式，进一步解放思想，大胆创新，以月川新城区近13亩地块为试点，推行以地块所在居委会成立股份制拆迁公司组织拆迁的新模式。经政府科学评估后出台总体拆迁指导价格，土地竞得人可将土地拆迁工作承包给拆迁公司负责，政府不再一手包办到底。政府将拿出一定比例的拆迁费用的盈余部分和地价发展社区经济，让老百姓获得更多的实惠。

实践证明，我们的模式和做法是有成效的。2007年10月29日，该"试点"地块挂牌，拍出每亩431万元的高价（含拆迁安置费2731万元）。而且仅1个月时间就完成了该地的拆迁工作。在整个过程中，政府没有派出一名执法机关人员参与，是真正意义上的"和谐拆迁"。

2008年3月份，国家建设部专题调研组在三亚进行调研，对这一模式也给予了高度评价，认为这种模式对解决城中村拆迁难问题是一种很好的探索创新。

市委、市政府坚持把执政为民作为城市规划建设的价值取向，实事求是，大胆创新，是月川村"自主拆迁"模式成功实施的关键。如果我们不解放思想，敢于变革，凡事都条条框框，也就不可能解决旧城改造拆迁难问题。如果没有坚持把群众利益放在第一位，就不可能实现月川村的"和谐拆迁"。

第三节　三亚的具体做法

省委要求三亚要在全省领先消除城乡二元经济结构，率先全面实现小康社会，三亚无论是经济发展速度还是人均 GDP 均处于全省首位，具备实现"领先"、"率先"两个要求的基础条件。"十一五"时期，三亚进一步明确总体发展思路，即：坚持国际性热带滨海旅游城市定位和发展目标，提升城市价值，实施高端战略，统筹城乡发展，努力把三亚建设成为旅游度假胜地、天涯文化源地和创新创意高地。其中：国际性是方向，热带滨海是资源特色，旅游城市是城市性质。1986 年 5 月 12 日，还是县级市的三亚就提出了建设国际性热带滨海旅游城市的目标，历届市委、市政府始终坚持这个目标，这是三亚能够持续健康快速发展的关键。三亚今后的发展也必须坚持这一定位。三亚是中国唯一的热带滨海旅游城市，资源稀缺，必须发挥资源禀赋优势的最大效用；实施高端战略也是一个价值取向，旅游要走高端、项目也要走高端；三亚没有对农村的统筹安排，不可能建设全面小康社会，因此必须统筹城乡发展。

"十一五"时期，三亚坚持国际性热带滨海旅游城市定位和发展目标，积极推进农业现代化和城镇化，经济社会获得了长足发展，积累了一定的发展经验。

一 以文明生态村为综合创建载体，加快社会主义新农村建设

三亚按照"生产发展、生活宽裕、乡风文明、村容整洁、管理民主"的要求，建设生态环境，发展生态经济，培育生态文化。进一步加大对农村的支持力度，切实贯彻落实好中央关

于"三农"工作"多予、少取、放活"的政策。巩固提高现有文明生态村的建设成果，赋予文明生态村建设新的内容和新的使命。文明生态村建设按三个步骤由点及面、梯次推进：一是以乡镇为主打基础一年，二是市委、市政府支持创建一年，三是以村基层组织为主长期巩固提高，真正做到创建一批、成效一批、巩固提高一批，努力把三亚打造成全国社会主义新农村建设的先行区。

（一）把发展农村经济放在首位，着力提高农民收入

大力发展特色经济、生态循环经济、庭院经济，做到一村一品、多村一品，力争每个创建村培育1—2个持续增收的特色主导产业，以"公司+农民"等模式逐步引导一村一品向集约化、产业化方向发展。大力发展劳务经济，把"打工经济"作为更新农民观念、增加农民收入、带动农民致富的重大工程来抓，逐步实现农民收入由单纯依靠种养业，向务农、务工、经商等多元化转变。

（二）加快农村基础设施建设，进一步改善农村生产生活条件

新农村建设规划要科学合理，做到"进村入户"。以行政村为中心，以硬板化道路连接各自然村，以一家一户为单元，建设一批集中连片、设施完善、村容整洁、庭院经济发达的村庄。进一步加大农村水、电、路等基础设施建设力度，继续推进大隆水库枢纽工程建设，不断扩大灌区面积，加强病险水库除险加固工作，加快槟榔河的改造。大力普及户用沼气，积极

探索集中建池、集中供气、人畜分离的新模式。把村容村貌整治作为突破口，开展"清洁家园行动"，发挥妇女在新农村建设中的半边天作用，良好的卫生习惯要从娃娃抓起，建立长效的卫生管理机制，让农村真正干净、整齐、漂亮起来。

（三）加大农民教育培训力度，提高农民致富能力

把更多的农民培育成有文化、懂技术、会经营的新型农民，增强农民自我发展的能力，使走出去的有较强的务工能力，留下来的掌握先进的农业技术。加大培训农民力度，做到全市农村户均掌握2—3门实用技术，真正做到"培训一人，脱贫一户"。从2007年开始，政府对未就读普通高中的贫困山区初中毕业生，有计划地安排在市职业技术学校就读，实行"三免一补"政策，即免学杂费、课本费、住宿费，补贴生活费。通过职业教育培训，提高农民素质和就业能力，逐步引导偏远山区的农民迁移到沿海地区就业生活，改变城乡人口布局结构，更好地保护三亚珍贵的自然生态资源。加强基层文化基础设施建设，普及广播室、阅报栏、宣传栏、文化科技卫生服务站和农民文化娱乐场所，丰富农民精神文化生活。加大宣传教育力度，制定文明公约，开展星级文明村、文明户的评比活动，引导农民破除封建迷信，改变陈规陋习，树立文明乡风。

（四）充分尊重农民意愿，激发农民建设社会主义新农村的积极性

农民群众是农村经济发展的主体，在新农村规划建设过程中，充分征求农民的意见，注重实效，不搞形式主义，有要求

不强求，动员群众不强迫群众。在新农村建设问题上，党委和政府要教育引导农民克服等、靠、要的思想，对群众积极性不高、主动性不强的村，政府不搞强迫命令。增强农民自我管理的能力，坚持一事一议，不断完善村务公开制度，把新农村建设规划、资金使用等情况纳入村务公开、民主管理内容。

二　以重点项目建设为抓手，加快推进城市化进程

加快推进城市化进程是三亚新一轮发展的重大战略。三亚以产业发展作支撑，以重点项目为载体推进城市化进程。重点项目是城市拓展和完善功能的"桥头堡"和"节点"，是产业结构调整的杠杆，是推动经济增长的发动机，对拉动三亚经济社会快速发展起着决定性的作用。三亚加快推进重点项目建设，掀起城市开发建设新高潮。

（一）突出城市个性特色，做精做美三亚

城市是三亚经济社会发展的火车头。三亚发展的动力和活力仍然在城市，没有城市产业经济的发展，新农村建设和社会事业就失去了支撑。

没有文化内涵，城市就缺少品位。三亚强化规划的龙头地位，把文化渗透到城市规划、城市建设、城市管理中，突出热带滨海城市文化个性，不仅做好"海"的文章，而且做好"山"的文章。高标准地设计城市风格，精心设计城市景观，突出海、天、山、河四位一体的城市特点，打造"城在山中、城在绿中、城在水中"的热带滨海景观。

加快中心城区建设,构筑以中心城区为主,周边镇、农场、旅游度假区为支点的组团式城市发展框架,形成"南进北扩、中间厚实、海陆并举、东西两翼齐飞"的格局;加快城市精品工程和标志性工程建设,增添城市灵气;加快推进"城中村"和背街小巷的整治,为广大市民、游客创造一个更加舒适优美的生活、旅游环境;加快小城镇建设,实现农村富余劳动力有效转移。

(二)加大重点项目招商引资力度,进一步完善城市功能

认真研究和把握国家的投资导向和产业政策,坚持每年策划一批、启动一批、建成一批事关三亚发展大局的项目。实施大企业进入、大项目带动战略,引导资金重点投向重要基础设施和重点产业项目,引进有较强实力和较高水准的国内外大企业对重点区域进行综合开发。强化规划招商、企业招商和中介招商等方式,尽快将招商成果转化为实实在在的生产力,提高大项目的财政增收贡献率。

一是加快基础设施建设,积极推进"一桥"(红沙大桥)、"两站"(火车站、汽车站)、"四港"(航空港、客运港、货运港、渔港)、"六网"(路网、电网、水网、气网、通信网、污水网)建设和改造;二是加快城市配套功能建设,积极推进"三馆"(城市规划馆、博物馆、科技馆)、"三院"(高等院校、科技研究院、医院)、"五中心"(行政中心、体育会展中心、演艺中心、游客到访中心、康复疗养中心)规划建设;三是加快重大片区和海湾开发建设,积极推进"三岛"(西岛、

凤凰岛、蜈支洲岛)、"八区"(时代海岸、阳光海岸、山水国际、凤凰国际水城、鹿回头片区、海坡片区、月川片区、落笔洞片区)、"九湾"(海棠湾、红塘湾、三美湾、六道湾、坎秧湾、太阳湾、崖州湾、梅州湾、亚龙湾二期)规划建设,使城市建设年年有亮点,五年大变样。

(三)发挥政府资源效益,实现城市资产增值

运作好土地资源、海域资源、项目资源、政策资源等,实现城市资产增值。积极探索资产重组、投资带动、设施配套等方式,实现存量换增量,多渠道扩大增量投入。依法拍卖土地、海滩、海域、广告牌等公共资源的经营权和使用权,今后滨海一线用地原则上不再批准新建商品房项目,主要用于建设能带来持续财源和解决就业的旅游项目和文化产业项目。全方位运作好市政公用设施,最大限度地提高资源资产配置效益。

(四)理顺城市管理体制,积极探索长效管理机制

强化政府职能部门作用,加强基层综合执法能力建设,不断完善城市管理重心下移的工作机制,积极理顺河东、河西两区行政管理体制,充分发挥区镇、居(村)委会的作用。加大打击违法建设的力度,提高规划的科学性、权威性,用铁的手腕依法加强规划的实施和管理,以硬措施整治城市交通秩序、旅游市场等,加强流动人口管理。特别是要加大力度整治城市环境卫生,争创国家卫生城市。

三 着力打造文化旅游产业,逐步构建三亚现代产业体系

构建现代产业体系必须围绕三亚市国际性热带滨海旅游城

市这一定位进行。以旅游产业为龙头，以文化产业为核心，以现代农业为基础，以房地产业及商贸服务业为支撑，积极扶持现代科技信息产业和有选择性地发展新型工业，构建三亚特色的经济结构和现代产业体系。特别是以先进文化提升旅游产业素质，推动产业优化升级，为三亚发展注入新的活力和强劲的动力。

（一）做大做强旅游产业

旅游产业的龙头地位在相当长的时期内将不会改变，且发展潜力巨大。要围绕"热带、滨海、生态"特色做文章，以文化拓宽旅游产业发展思路和空间，以文化延伸旅游产业链，以文化加速旅游产业的转型增效，形成以度假休闲为主、观光为辅的旅游产业体系。三亚旅游打"国际牌"，发展高端游客，为进一步加速旅游国际化进程，把2007年定为"国际旅游年"。

加快旅游产品升级换代。以创建国家5A景区为契机，不断提升景区的文化含量和旅游产品档次，深度开发潜水、垂钓、海底观光和海上游等旅游项目，打造一流的潜水基地、游艇基地、邮轮基地、会展基地、度假基地。开发更多健康的夜间娱乐项目，推出两河三岸夜游观光项目。继续推出一批具有国际水准的度假休闲产品，特别是加快建设海棠湾"国家海岸"，打造国际顶级的品牌。

加快旅游业全方位开放步伐。今后一个时期，把加快旅游国际化进程作为三亚对外开放的重中之重，实施"大企业、大航线、大团队"战略，抓住海南第三、四、五航权开放的机遇，开通更多的国际直达航线航班，进一步拓宽国际可进入性。加大市场营销力度，扩大港澳台、韩日俄、东南亚市场，积极开发欧美市场，将国际自由到访客人、高端游客吸引进来。限制建设低档次酒店，引进国际知名连锁酒店集团，发展顶级酒店，争取5年内三亚五星级标准的酒店40家以上。组建三亚本地国际旅行社，以最优惠的政策，积极引进国际知名的旅游大企业，通过兴办中外合资旅行社、中外合作旅行社、外商独资旅行社等方式进行旅游开发，让更多外资进入三亚旅游市场。

营造国际一流的旅游环境。建立和完善国际化的道路标识系统、旅游标识系统、旅游突发事件紧急救援系统，构建高水准的旅游服务网络。提供人性化服务，营造全社会服务旅游业的浓郁氛围，打造健康、满意、安全的旅游环境。

（二）积极培育和发展文化产业

文化是旅游的灵魂，抓文化产业就是抓旅游产业，就是抓经济；我们党代表先进文化的前进方向，抓文化就是抓政治；丰富的文化生活是广大人民群众的精神需要，抓文化就是抓民生工程。

加快编制文化产业发展规划。建立文化产业指导目录，用3—5年的时间把文化产业培育成新的经济增长点，初步形成若干个文化产业群；用5—10年的时间壮大提升文化产业，形成特色鲜明、布局合理的文化产业体系，把文化产业打造成三亚重要的支柱产业。

建设一批文化产业重点项目。加强文化产业与旅游、商贸、房地产等产业的嫁接，着力发展演艺娱乐、高尔夫文化、健康体育、影视制作、动漫、新闻图书出版等产业，积极促成南中国影视文化生态园、妈祖文化生态园、"美丽三亚"大型旅游演艺、演艺梦幻城、实景山水等项目建设，尽快形成现实生产力。兴建一批文化基础设施项目，积极创办一批国家级体育训练基地。

加快文化体制改革。整合文化资源，推进经营性文化单位转企改制，着力培育新型主体市场。以"市场化运作＋政府服务保障"的模式，继续举办并不断创新重大文化活动，力争每年都有吸引全球目光的重大文化赛事活动。要充分挖掘三亚丰厚的历史文化遗产，形成富有三亚民族特色的文化品牌。重点培育发展一批专业性、综合性的文化企业集团，组建高水准的文艺歌舞团体，鼓励和吸引国内外顶级演艺团体来三亚演出，将三亚推向美丽时尚健康的最前沿。

精心打造一批文化精品。城市名片征集活动已经拉开了文化产业发展的序幕，要积极拓展其后续效应，不断挖掘城市名片中蕴涵的经济价值和潜在商机。用3年的时间，着力打造"六个一工程"，即征集一张城市名片、拍摄一部电影、征集一首歌曲、创作一部小说、摄制一部风光片、打造一台文艺节目。利用"六个一工程"主题活动充分挖掘三亚文化、塑造三亚形象、凝炼三亚精神。"六个一工程"要面向全国征集或公开招标。

（三）提高热带高效农业现代化水平

进一步巩固农业的基础产业地位，以"设施农业＋产业化"提升三亚农业产业素质，集中力量发展热带水果和特色瓜菜，加快发展畜牧业、海洋捕捞业、深海养殖业、兰花产业等，推进南繁育种业发展，不断提高绿色农业、有机农业比重。大力支持农垦发展现代农业，扶持农业龙头企业，实施农产品品牌战略，做好农产品原产地认证工作，加快优质农产品加工、销售基地建设，提高农民的组织化程度。努力形成结构合理、产业化程度高、市场竞争力强、综合效益好的现代化农业雏形。

（四）科学根据房地产业发展

三亚依托独特的热带滨海生态资源，突出"休闲度假＋健康长寿"的主题，明确三亚发展房地产业的市场定位，加快发展旅游房地产。科学把握房地产市场的发展速度，建立房地产市场运行态势和房价变动情况信息监测系统。采取有力措施搞活二手房市场，实行一站式办理制，提供便捷、高效的服务。

（五）加快发展商贸服务业

投资、消费、出口是拉动经济增长的三驾马车。由于三亚市国际外贸依存度低，经济国际化水平低，参与国际分工程度低，目前拉动经济增长主要靠投资和消费，出口的作用不明显。积极推动消费结构升级，扩大城乡消费网络覆盖面，加速商贸业的提档升级，使商贸服务业成为带动三亚经济增长的优势板块。合理布局商业网点，在城市中心区域和旅游场所引进一批国际知名品牌连锁店、大型购物超市。加快推进阳光海岸不夜城和亚龙湾商业区建设，规划建设有特色的商贸旅游街区，如民族风情街、购物步行街和外国人投资经营的"洋人街"等，争取开办旅游免税商店。搞活进出口贸易，支持三亚出口创汇企业实行技术改造，扩大贸易总量。对城区农贸市场进行升级改造，5年内基本实现农副产品超市化经营。

（六）选择性发展新型工业

发展工业是积聚社会财富、加快城市化进程的有效途径。要坚持工业发展有所为有所不为的思路，在不破坏环境和资源的条件下，选择性地发展以热带资源、海洋资源、旅游资源和生态环境为优势的新型工业。继续加快现有工业园区的建设，加快六道湾渔港及南山货运港的建设，积极发展临港工业。积极培育出口产品生产加工基地，鼓励和推动旅游商品设计开发，特别是在具有优势性的食品、工艺品和特色服装等领域，努力打造本地品牌。

（七）扶持科技信息产业

加大科技创新力度，采取优惠措施，积极引进在人才、技术上具有引领作用的科技信息企业。积极推进三亚创意新城项目建设，鼓励和吸引高科技企业和高级专业人才来三亚建立总部基地、研发基地、创意基地和创作基地。

四 加快社会事业发展，积极构建和谐三亚

构建和谐社会，既是三亚实现又好又快发展的重要前提，也是我们发展奋斗的目标。加快社会事业发展，是构建和谐社会的重要体现，是我们重大的历史责任。

（一）大力实施"科教兴市"战略

必须把教育放在优先发展的战略地位，办好人民满意的教育。落实义务教育保障机制，确保每个孩子都能接受义务教育，确保每个考上大学的学生不因贫失学。进一步改善农村寄宿制学校学生生活条件，积极探索生态循环型校园建设，将沼气池建设纳入农村寄宿学校基建规划中。整合现有职业教育资源，创办一所新型综合性高级职业学校，打造全省一流的中等职业教育示范基地和培训基地。大力扶持海南大学三亚学院、三亚航空旅游职业学院等高校发展和其他高等院校的创办，积极支持琼州大学部分专业迁至三亚，不断扩大高等教育规模，为加快三亚发展提供强大的智力支撑。建立一支适应素质教育需要的教师队伍，逐步建立校长职级制，完善教师聘任制。不断改善教师待遇，解决600名教师住房困难问题。

加大科技投入，重视科技人才的引进和培养，重奖有突出贡献的科技工作者。坚持科技为经济发展服务的战略取向，充分发挥优势，在旅游网络建设、南繁育种、设施农业、农业科技"110"服务体系、生态环境保护和重点项目论证等重点领域有所作为，确保每个行政村有一个"110"农村科技服务点。

加快规划建设中国三亚农业科学城,把三亚打造成全国最大的南繁基地。

(二)加快发展医疗卫生事业

合理配置卫生资源,构建城乡一体、多层次的新型医疗卫生服务体系,全面推行以大病统筹为主的新型农村合作医疗制度。全面实现乡镇卫生院"一无三配套",每个行政村拥有一所能够提供基本公共卫生服务的卫生室,确保每个困难家庭病患者得到及时的医疗救助。不断提高医疗水平,把市人民医院建成三级甲等医院,集中力量建设1—2个高水平的医疗保健康复中心,建立健全医疗急救机制,为广大市民、国内外游客和投资者提供良好的医疗保障。加强人口和计划生育管理,有效降低人口自然增长率,提高人口质量。

(三)切实做好就业和社会保障工作

就业是民生之本,社保是稳定之基。大力发展就业吸纳能力强的劳动密集型产业、中小企业和服务业。落实税费减免、小额担保贷款、资金奖励和社会保险补贴等一系列优惠政策,鼓励个人创业。认真解决涉及群众切身利益的突出问题,切实安排好困难群众的生产生活。巩固"两个确保",逐步建立社会保险、社会救助、社会福利、社会慈善事业相衔接,覆盖城乡居民的社会保障体系。加大对下岗职工、失地农民、贫困户等弱势群体和低收入人群的帮扶力度。

(四)加强民主法制建设

坚持和完善人民代表大会制度,支持人民代表大会及其常务委员会履行国家权力机关的职能。坚持和完善中国共产党领导的多党合作和政治协商制度，支持和保障人民政协履行政治协商、民主监督、参政议政职能。加强同民主党派、工商联、无党派爱国人士的团结合作，切实做好民族、宗教、侨务和对台工作，巩固和发展最广泛的爱国统一战线。充分发挥工会、共青团、妇联、科协、总商会等人民团体的桥梁纽带作用。加强基层民主政治建设，保证人民群众依法行使选举权、知情权、参与权、监督权。全面推进依法治市，把依法决策、依法行政、依法办事贯穿构建和谐社会的全过程。加强法制宣传教育，拓展和规范法律服务，引导公民依法行使权利、履行义务，形成人人自觉守法用法的社会氛围。

（五）大力推进精神文明建设

坚持正确的舆论导向，深入开展以"八荣八耻"社会主义荣辱观为核心内容的思想道德建设，以教育事业为支撑，积极营造热爱文化、崇尚文化的良好氛围，提高市民素质。继续开展创建文明城市活动，加强基层文化建设，不断丰富群众精神文化生活。切实加强国防教育和国防后备力量建设，不断提高全民国防意识，深入开展"双拥"活动，密切军政军民关系。

（六）统筹人与自然和谐发展

得天独厚的生态环境是三亚最大的优势和最宝贵的资源。在城市规划建设中要坚持环境优先的原则，坚决不做损害环境的事情，坚决不上污染环境、破坏资源的项目，坚决不搞低水平的无序开发。把垃圾和污水处理作为生态建设的"一号工程"，作为城市基础设施建设和城市管理重点，实现城市垃圾无害化处理率100%，水质达标率100%。坚决打击采挖珊瑚礁、烧山毁林、破坏山体、捕杀珍稀野生动物等行为。加大海湾的整治和管理力度，改变沙滩特别是三亚湾沙滩严重泥化的现状。大力发展循环经济、生态旅游、生态农业，加快推进生态环境优势向综合经济优势转化。

五　勇于创新，追求卓越，坚持不懈地改善投资环境

三亚仍然处于发展的初中级阶段，把三亚打造成"亚洲一流、世界著名"的旅游城市，我们的发展责任极其重大，建设任务极其繁重。在此过程中，需要大量投资者来三亚建设和发展，因此在投资环境上有更高的要求，把三亚打造成投资者的乐园，建设成全国投资环境最好的城市之一。

（一）建设诚信社会，营造一流的诚信环境

把诚信作为三亚的综合竞争力来抓，作为改善投资环境的重大举措来抓，建立起社会信用体系基本框架和运行机制。鼓励表彰诚信者，让诚信者得到实惠；曝光处罚失信者，让失信者寸步难行。政府要讲诚信、企业要讲诚信、公民要讲诚信。让"以诚实守信为荣，以见利忘义为耻"的社会主义荣辱观成为每个人的基本价值取向，使诚信成为三亚的立市之本。

（二）建设创新型城市，营造一流的开放环境

改革的力度、开放的深度，决定着发展的活力、发展的水平，要使改革创新成为工作的常态。只要是落后时代、束缚发

展的政策条文，就要敢于突破、敢于实践；只要是有利于发展、有利于造福百姓的办法，就要大胆探索、大胆尝试。建设高效开放的金融服务和监管体系，创造条件吸引更多的金融机构在我市开设分支机构，积极发展和合理利用资本市场，拓宽投融资渠道。鼓励、支持和引导非公有制经济发展，进一步改善非公有制经济发展的政策环境，为非公有制经济创造平等的竞争环境。

（三）深化改革，营造一流的体制环境

从制约发展的突出矛盾入手，从人民群众最关心的问题入手，来一次体制机制的再造，务求在重点领域和关键环节上实现新突破。要在省里的统一部署下，继续推进"三亚国际旅游经济综合配套改革试验区"的申办，为全省体制机制创新做出贡献。积极推进市港务集团改制，支持农垦系统改革。积极探索政府投资项目"代建制""项目业主负责制"等市场化运作方式，提高项目建设资金使用效益和项目管理水平。实施严格的项目风险预警机制和退出机制，有效杜绝"半拉子"工程。让真正有实力、真心实意在三亚干事业的企业和投资商落户三亚、扎根三亚。对没有资金实力、没有投资能力、长期占用土地资源不开发的企业必须实行项目退出机制。

（四）提高效率，营造一流的政务环境

要牢固树立"机关效率是城市新的竞争力"的意识，贯彻落实市委市政府《关于改善投资环境的决定》，不断降低社会服务体系、市场秩序、诚信体系等所造成的成本，全面提高城市的吸纳性和包容性，让每一个投资者进得来、留得住、发展好。要倡导开短会、说短话、快办事，把机关干部真正从文山会海中解脱出来。牢固树立"人人都是投资环境"的意识，推行"机关五星级服务"标准，建立绿色服务通道，积极倡导和推行"政务提速"。

六 加强社会治安综合治理，狠抓平安三亚建设

三亚作为一个旅游城市，社会稳定有着更加重大的意义。构建和谐三亚，最重要的是创建"平安三亚"，让全市人民和国内外游客在三亚感到放心、安全。这既是我们的第一责任，也是我们的重大使命，努力把三亚打造成全国最平安的城市之一。

（一）加强基层防控网络建设，依法严厉打击刑事犯罪

牢固树立维护社会稳定人人有责的意识，加强以基层党组织为核心的群防群治网络体系建设，充分发挥机关、学校、企事业单位、基层派出所、行业协会等作用，积极构建打、防、控一体的治安管理长效机制。对黑恶势力犯罪、严重经济犯罪、毒品犯罪、"两抢一盗"等犯罪活动，始终保持高压态势，露头即打，绝不能让他们站住脚跟。实施"天网工程"，在各重要景区、繁华街道、娱乐场所、客运站、居民小区、重点部门等场所安装"电子警察"，实行网络化管理，做到人防、技防、物防"三管齐下"，确保人民群众的生命财产安全。

（二）坚持以人为本，认真处理和及时化解各类影响社会稳定的事件

对属于人民内部矛盾的问题，认真细致地做好各方面工作，从源头上化解矛盾。把执政为民作为城市规划的价值取向，把拆迁安置特别是就地安置纳入城市规划的范畴，在旧城改造中，凡是项目规划具有居住功能的，原则上采取搬迁群众最能接受的方式给予安置。严格落实维护社会稳定工作责任制，建立矛盾纠纷排查调处工作机制、社会稳定预警机制、应急处置机制等。做好维稳的信息搜集工作，对影响稳定的因素，定期认真排查，及时发现可能引发群体性事件的苗头和倾向性问题，把不稳定因素解决在基层，解决在萌芽状态。

（三）加强政法队伍建设，提高广大干警素质和执法能力

坚持从严治警，保持政法队伍的高昂士气，打造一支政治坚定、业务精通、作风优良、执法公正的高素质队伍。要在经费和编制上给予支持，进一步壮大政法队伍，改善政法队伍的设施和装备，不断提高政法队伍的保障能力。

七 加强党的建设，不断提高执政能力

加快全面建设小康社会步伐，关键在各级党组织，关键在各级领导干部。必须以改革创新的精神，不断提高党的领导水平和执政能力，全面加强党的思想、组织、作风和制度建设，继续推进党的建设新的伟大工程。

（一）加大思想政治建设和干部培训力度，努力建设学习型社会

党的思想建设是党的建设的灵魂。任何时候，我们都要坚持把理论武装工作放在首位，大力弘扬理论联系实际的学风，把理论武装和推动工作结合起来，进一步提高广大党员干部尤其是各级领导干部的理论水平和思想修养，把我们党理论创新的最新成果学习好、领会好、贯彻落实好，真正做到理论上不断提高，实践上不断创新。

加快发展，要求我们不断提高学习能力、决策能力、创新能力。要把"大规模培训干部、大幅度提高干部素质"作为重要的战略任务，积极探索新形势下干部教育培训的有效途径。制定全市干部教育培训计划，加大投入力度，以提高干部的综合素质和综合能力为目标，结合工作实际，对全市机关干部、政法干警、年轻干部、后备干部、村镇干部等分类别、分层次、多渠道、有针对性地开展教育培训。

（二）加强领导班子和干部队伍建设，进一步提高执政能力

建设坚强有力的领导班子和高素质的干部队伍，是加快三亚发展的根本大计。着力提升各级领导班子和领导干部的执政能力，真正把科学发展观的要求转化成谋划发展的正确思路，转化成推进发展的实践本领。坚持民主集中制，进一步完善领导班子议事和决策规则，不断提高决策的科学化、民主化水平。坚持干部"四化"方针和德才兼备原则，不断深化干部人事制度改革，

把握正确的用人导向，注重在改革发展稳定的实践中识别干部，在新农村建设、重点工程、重大项目、重要事项的推进一线中考察干部，真正让想干事的有机会、能干事的有舞台、干成事的有地位。加大干部交流和挂职锻炼力度，做到经常化、制度化。大胆培养选拔使用年轻干部，早压重担，从严要求，促使他们尽快成长。进一步加强优秀党外干部、妇女干部和少数民族干部的培养使用工作，带着责任、带着感情做好老干部工作。

（三）加强党的基层组织建设，进一步巩固党的执政基础

党的基层组织是党全部工作和战斗力的基础。进一步探索基层党组织建设和党员教育管理的新方法、新举措，不断增强基层党组织的创造力、凝聚力、战斗力。全面加强企业、社区以及新经济组织的党建工作，不断扩大党组织的覆盖面。围绕社会主义新农村建设的要求，大力选拔带头创业致富、带民共同致富的优秀共产党员进入村党组织班子，切实强化农村党组织的领导核心作用，使农村基层党组织更好地发挥发展一方经济、致富一方群众、维护一方稳定的作用。广大基层干部处在一线，矛盾多、压力大，对他们要切实关心、真情爱护、严格教育、有效激励，引导好、保护好他们干事创业的积极性。要不断提高全市村（居）委会干部的生活待遇，对村民小组干部给予一定的生活补贴。

（四）加强党的作风建设，始终保持党同人民群众的血肉联系

党的作风关系到党的形象，关系到人心向背。要坚持把人

民利益放在第一位，群众的愿望，就是我们前进的动力；群众关心的热点难点，就是我们工作的重点。想问题、定政策、办事情都要始终着眼于最广大人民群众，特别是要关注中低收入的大多数群众，让人民群众及时地、长久地、更多地享受到发展的成果。要始终牢记"两个务必"，大力发扬艰苦奋斗和勤俭节约的精神，坚持勤俭办一切事情。要弘扬求真务实的作风，大兴调查研究之风，深入实际，深入基层，深入群众，把主要精力用在推动工作上，放在解决问题上。注重抓具体、抓细节，切实把各项目标任务具体到项目，落实到人，量化到时间进度。要敢于动真碰硬，不怕面对困难，不怕触及矛盾。坚持正确的政绩观，坚决反对形式主义和官僚主义，不做华而不实的表面文章，使我们的各项工作经得起实践的检验、人民的检验、历史的检验。

（五）加强党风廉政建设，深入开展反腐败斗争

反腐败斗争事关党的生死存亡。要坚持标本兼治、综合治理、惩防并举、注重预防的战略方针，大力推进教育、制度、监督并重的惩治和预防腐败体系建设。要从用权、用钱、用人三个关键环节入手，加强纪律规范和制度保障，真正形成用制度规范从政行为、按制度办事、靠制度管人的有效机制，着力从源头上遏制和消除腐败。加大监督力度，健全审计监督和司法监督，切实防止权力失控、决策失误和行为失范。加大违法违纪案件的查处力度，对群众反映强烈的腐败案件，发现一起查处一起，绝不手软。要以更坚决的态度、更有力的措施、更

扎实的工作,认真落实党风廉政建设责任制,切实做到一把手负总责,一级抓一级,层层抓落实。各级党委要旗帜鲜明地支持纪检监察机关依纪依法履行职责、开展工作,为开创我市党风廉政建设和反腐败工作新局面提供有力的组织保证。

第三章 陕西省的实践探索
（2010—2015）

第一节 陕西城镇化发展现状、主要做法（2010—2015）

一 陕西城镇化发展现状分析

十二五时期，陕西综合实力大幅提升，生产总值年均增长11.1%，经济总量达到1.82万亿元，人均生产总值7721美元，超过全国平均水平，稳步迈入中等发达省份行列。随着经济发展，陕西工业化进程明显加快，人民生活水平显著改善，区域发展更加协调，生态环境建设成效明显，有力促进了城镇化快速发展。从2010年—2015年，全省城镇常住人口由1707万人增加到2045万人，城镇人口净增加338万人，城镇化率由45.7%提高到53.92%，增长8.2个百分点，年均增长1.67个百分点，高于全国同期年均增速0.43个百分点。

十二五时期，陕西城镇化发展呈现以下特征：

一是大中城市规模扩张是推进城镇化的主动力。十二五时期，以西安为中心的关中城镇群加速崛起，榆林、宝鸡、汉中3个大城市和铜川等6个中等城市功能不断完善，35个重点示范镇建设加快推进，31个文化旅游名镇建设全面启动。从2011到2015年，陕西省城市建成区面积由752.30平方公里增加到1016.26平方公里，增长了35%；县城建成区面积由758.41平方公里增加到773.25平方公里，增长了1.96%；城市建设用地面积由651.11平方公里增加到982.05平方公里，增长了50.8%；县城建设用地面积由657.33平方公里增加到712.60平方公里，增长了0.84%；城市城区人口由752.66万人增加到884.31万人，增长了17.5%；县城区人口由665.47万人减少到655.19万人，减少了10万余人；可见，主要大中城市的规模扩张成为推动陕西城镇化发展的主动力。

二是三大区域城镇化差异逐年缩小。陕南、陕北发展加快。2014年关中城镇化率为55.59%，较2013年增加了1.03个百分点，较2010年增加了6.03个百分点；陕北城镇化率为54.64%，较2013年增加了1.36个百分点，较2010年增加了6.86个百分点；陕南城镇化率为42.79%，较2013年增加了1.92个百分点，较2010年增加了9.21个百分点。2010年以来，关中地区城镇化率增幅逐年趋稳，陕北、陕南地区城镇人口集聚能力显著增强，提高幅度高于全省平均水平。

三是城镇综合服务能力明显提升。十二五时期，全省城市市政公用设施实现县城以上城区全覆盖，城市道路、供水、供气、供热等基础设施水平逐年提高，垃圾污水处理、公园绿地等生态环境设施逐步改善，城乡住房水平稳步提高，教育、医疗、文化、体育、养老、就业和社会保障等领域建成了一批基本公共服务设施，城乡公共服务一体化进程明显加快，综合服务能力明显提升。

四是各地积极探索各具特色的城镇化发展路径。延安市按照"城镇依托、产业支撑、企业带动、移民安置"发展思路，逐步建立延安中心城市、县城、重点镇、农村新型社区四级城乡一体化体系。杨凌等地市在土地管理、户籍管理、投融资等方面进行了有益实践。临潼区、高陵县、神木县、平利县等立足资源禀赋和区位优势，纷纷结合各自实际，探索不同城镇化发展方式。这些都为全省城镇化发展积累了经验。

二 主要做法

十二五时期，陕西推进城镇化的主要做法如下：

一是规划引领新型城镇化有序推进。新型城镇化建设是一个复杂的系统工程，不可能一蹴而就，需要先进理念引领和科学规划控制。陕西在推进新型城镇化中，坚持以人为本、加强生态建设、保护文化资源等理念要求，根据《全国主体功能区规划》《国家新型城镇化规划（2014—2020年）》和《陕西省主体功能区规划》等指导文件，先后编制《陕西省新型城镇化规划（2014—2020年）》、《关于深入推进新型城镇化建设实施意见》等规划，明确陕西省城镇化的发展路径、主要目标、战略任务、体制机制创新和政策举措。以此为基础，进一步编制了《关中城市群建设规划》《西咸一体化建设规划》以及宝鸡、汉中、商洛等城市总体规划、83个县城乡一体化建设规划、43个县城发展规划、35个重点示范镇和31个文化旅游名镇（街区）规划、102个县域村庄布局规划、1000个新型农村示范社区规划等，为陕西城镇化科学布局有序推进绘制了蓝图、指明了方向。截止2015年底，全省城镇总体规划覆盖率达到95%。

二是构建科学合理的现代城镇体系。陕西在推进新型城镇化中，确立了"建好西安、做美城市、做强县城、做大集镇、做好社区"的总体思路，构建层级完善的城镇体系，全面提升城镇化综合承载能力。建好西安方面，以打造国际化大都市为目标，充分发挥西安在区位、科教、产业等方面的优势，加快推进西咸一体化，辐射关中城市群建设，引领大西北发展。做美城市方面，选择全省基础和发展潜力较好的城市重点支持，将宝鸡打造成为关中—天水经济区次核心城市，榆林、汉中、渭南发展成为百万人口省际区域性中心城市，发挥中心城市集聚、辐射和示范效应，形成支撑和带动城镇化发展的重要增长极。做强县城方面，从城镇规划、道路交通和市政设施、居住环境、城镇管理等方面入手，着力提升县城整体实力和水平。出台《关于加快县城建设的意见》，在全省选取43个县重点支持建设，打造城镇化人口的重要聚集地。做大集镇方面，在原有107个重点镇建设基础上，进一步遴选35个重点示范镇和31个文化旅游名镇（街区），按照特色化、标准化、模块化方式打造基础设施、公共服务体系和保障性住房配套完善的城镇新区。做好社区方面，建设新型农村社区，完善基础服务设施功能，把农村打造成为基础设施城镇化、生活服务社区化、生活方式市民化的农民幸福家园。通过构建完备的城镇体系，不断拓展城镇规模和功能，为农业人口转移提供了有力支撑，奠定了新型城镇化的坚实基础。

三是促进农业人口有序转移。一是实施避灾扶贫移民搬迁，对秦巴山区、白于山区、黄河沿岸土石山区和渭北旱塬等重点区域280万人就地或异地搬迁，集中安置到生活设施完备、发展条件良好的城镇、移民新村和新型农村社区。截止2015年底，全省累计38万户、134万人搬离原居住地。二是鼓励有条件农民进城落户，把中小城市和小城镇作为农民进城的重点容纳地，放宽落户条件，暂时保留"三地"，让进城群众稳得住、能致富。从2010年起，用5年时间实现600万农村居民到城镇落户，并规划到2020年实现1000万人。截止2015年底已实现615万农民进城落户，有力促进了城镇化进城。三是积极推进保障性安居工程建设，建立覆盖不同收入群体的保障性住房供应体系，使更多在城镇生活的居民"住有所居"。"十二五"期间，财政累计投入954亿元，带动社会和企业投入2387亿元，建设各类保障性住房148.7万套，227.2万户城镇中低收入家庭住房困难得到解决，保障房建设走在全国前列。

四是加快推进基本公共服务均等化。陕西在推进新型城镇化实践中，以实施民生项目为载体，积极构建"城市—片区—社区"三级公共服务体系，较好实现了基本公共服务均等化。

一是建立公共财政投入长效机制。确定每年新增财力的80%和财政支持的80%用于民生建设，保障投入资金来源的稳定和可持续性。"十二五"期间，全省民生投入基金累计14777亿元，是"十一五"的2.67倍。二是积极实施民生工程项目。先后推出涵盖促进就业、保障住房、消除贫困、改善环境、服务生产十大领域100个类民生项目建设，把完善提升城乡基本公共服务落到实处。三是加大普惠性民生项目投入。把公共财政投入向普惠性民生项目倾斜，完善覆盖全省城乡居民的社会保障体系，推进保障性住房建设，支持就业、卫生、教育和文化等社会事业发展，不断提高全社会民生保障水平。四是大力提升农村基本公共服务能力。以农村为重点，积极推进城镇基础设施向农村延伸，公共服务向农村覆盖，现代文明向农村辐射，促进城乡基本公共服务同步提升。特别是按照小城镇标准，推进融基础设施、公共服务、产业集聚、商贸物流、生态环保于一体的新型农村示范社区建设，使农村居民生活质量逐步提高，城乡差距逐步缩小。

五是创新推进新型城镇化发展体制机制。一是在解决用地问题上创新做法。城镇化进程需要大量建设用地来保障，由于土地资源的稀缺性和不可再生性，需要集约节约使用土地，发挥土地最大效益。陕西坚持在新型城镇化中统筹全省土地资源，切实保护耕地，划定生态红线，积极盘活存量用地，严格执行土地增减挂钩政策，提高建设用地集约利用水平。二是创新融资模式解决建设资金问题。省级财政重点支持35个省级镇每年每镇 1000 万元，连续支持 5 年，引导各级配套资金和社会资金投入；省级财政每年给予 31 个文化旅游名镇建设 500 万元；由省财政和省属国有企业注资成立移民搬迁和保障房建设公司，向金融机构和社会融资。通过设立城市发展专项资金等举措，支持市县政府推进基层设施资产证券化，规范并发挥好城投公司融资平台作用。把城镇建设项目纳入全社会固定资产投资年度计划，通过 BOT、TOT、BT 等多种形式，积极推广 PPP 融资模式，吸引社会力量和民间资本参与城镇建设管理，较好地解决资金短缺问题。

第二节 陕西省各地城镇化实践案例

一 西安市高陵县

西安市高陵区自 1996 年开始建设泾河工业园，随着开发面积逐年扩大、城市的范围不断扩张，失地农民已达 5 万余人，农民工问题日益凸显，成为城镇化过程中亟需解决的突出问题。为破解这一问题，高陵区采取以下有力措施推进新型城镇化。

（一）建立失地农民充分就业机制，确保农民失地不失业

失地农民就业问题是推进开发区发展的首要问题。高陵区着眼于失地农民的切身利益，以多种途径推进失地农民充分就业。

一是加强职业技能培训。高陵区委、区政府出台了《关于

进一步加强就业培训工作的实施意见》（高政办发〔2009〕19号），利用省、市就业专项资金，整合陕汽技校、职教中心等职业培训机构，以"校企合作""校校联合"为依托，实行"订单式"培训，"点对点"培养，中短期结合，对被征地农民免费进行物流运输、餐饮家政、绿化养护、物业保洁等服务业培训，3年累计组织各类专业培训100多期，培训农民15000余人，培训后实现就业创业13000余人。

二是搭建求职就业平台。2010年4月，高陵区成立人力资源市场，与西安市人力资源市场信息系统并网运行，可提供职业介绍、职业培训、社保服务、公共就业服务、引进交流人才等多项服务项目。成立以来，该市场每月定期发布园区企业用工信息，召开失地农民求职招聘会。目前，已累计向园区企业输送就业农民工7000余人，架起失地农民与企业的桥梁。

三是大力发展第三产业。工业化发展和城镇化的发展促进了第三产业繁荣，高陵区在泾河工业园区建成店子王、米家崖、杨官寨等农贸市场，兴办西营餐饮街、姬家商业街等三产服务聚集区，共拥有各类商铺2000余户，安置就业5000余人，园区从事第三产业的总人数达2万余人，占失地农民的70%，被征地农民人均纯收入达1.5万元，高出其他地区平均水平7000多元。

四是开展全民创业。高陵区通过开办小额贷款公司、简化工商登记程序、落实税收优惠政策等措施促进全面创业，在泾河工业园区从事建筑运输业、来料加工、物流仓储等自主创业的人数达 1000 多人，安置就业人数达 3000 余人；2010 年出台的鼓励支持大学生田间地头创业就业的政策，开辟了全民创业的新途径。

（二）建立城乡一体的社保机制，确保农民生活有保障

全面解决失地农民的养老、医疗等基本生活保障问题是开发区建设中的重中之重，高陵区大胆突破，全面启动和实施被征地人员基本生活保障制度。

一是实施新型社会养老保险制度。高陵区推行兼顾农民、失地农民和城镇居民于一体的"三合一"新型社会养老保险制度，共设置 100—1500 元九个缴费档次，被征地农民每人每年可享受 100 元的缴费补贴和每人每月 275 元的基础养老金财政补贴。目前，新型社会养老保险参保率达到 98%，已发放失地农民养老保险 1200 多万元，从根本上消除了失地农民的后顾之忧。

二是提高补偿标准。从 2003 年开始，对已征地群众以每亩每年 300 元的标准连补 10 年发放生产生活补贴，2007 年又把补偿标准提高到 500 元，时间延长到 25 年。征地补偿费用由每亩 1.3 万元调高到 6.61 万元（含每亩 3 万元社保基金），房屋拆迁标准从每平方 300 多元提高到 400 元，保障了失地农民的利益不受损失。

三是建立免费参加新型合作医疗制度。全区 6 万多失地农民参加农村新型合作医疗保险全部由区财政负担，农民不掏钱享受医疗保险待遇。

四是启动户籍改革。为消除城乡待遇差距，率先在园区启动户籍一元化改革，制定了57项城乡不同政策待遇衔接办法，允许农户进城转户5年内按照"就高不就低、不重复享受"的原则，自主选择政策待遇。2010年以来，已累计完成7万余人的转户工作。

（三）建立失地农民生产保障机制，确保农民可持续发展

土地征用后，失地农民亟需解决住房问题。近年来，为保障失地农民安居乐业，通过建设新型社区、预留三产用地、开展农村产权制度改革等工作，找到了一条解决失地农民安居生产、可持续发展的有效路径。

一是建设新社区。通过采取"城中村融合、城边村并入、小村并大村"三种建设模式，启动建设了总投资132亿元的14个新社区，涉及10个镇街（管委会）43个行政村，占全县行政村总数的49%，建成后可安置约2.78万户11万人，占全县农村人口的50%左右。同时，推行"35+10"的失地农民安置政策，即为被拆迁户每人无偿提供35平方米安置房外，还给每人10平方米的商业用房，这项政策的实施实现了失地农民的安居乐业。

二是预留三产用地。在征地拆迁过程中为失地农民留有一定量的三产用地进行集中开发，保障农民可持续发展。姬家杨官寨村近5000亩耕地被全部征用后，区政府专门为该村村民留出了300亩三产用地。如今这部分土地已大幅增值，部分区域开发后，村民按人均每户每年可分3000多元的红利。米家

崖村、高刘村等也采用这种形式，给失地农民以生活保障。泾河工业园区失地农民成为拥有"薪金、租金、养老金、股金"的四金农民。

三是进行农村产权制度改革。首先，在全区范围内开展农村产权"确权颁证"工作。对集体土地所有权、土地承包经营权、集体建设用地使用权、集体建设用地上房屋所有权开展确权、登记、颁证工作，明晰了农民对土地、房屋等农村各类产权的权益。其次，设立较为规范的高陵县农村产权交易中心，启动了农村产权抵押贷款业务，累计发放抵押贷款2.5亿元，拓展了农民增加财产性收入的空间。最后，着力以"两股两建"激活农村集体资产，即在"城中村""园中村"实行农村集体资产股份化、农村土地承包经营权股权化、以转变农民身份为主体的村民委员会改社区居民委员会和改建股份合作经济组织，实行公司股份化管理。

（四）建立城乡资源共建共享机制，确保公共服务均等化

资源共享增添互动发展活力。建立社会资源共建共享机制就是要按照资源利用效益最大化原理，对开发区内的城乡资源进行统筹开发利用，努力使失地农民在资源转化增值中获取更多更大实惠和利益。

一是实现公共服务的均等化。把每年新增财力的80%用于民生事业发展，实施了"十五年免费教育"全覆盖、"蛋奶工程"全覆盖等十个全覆盖民生工程，着力将优质公共服务资源向农村延伸。具体来看，长庆集团与米家崖村联合办学，全面

提高了米家崖村的教学质量；泾河高新小学、经发高中等学校的引进，使园区群众4000多名子女享受到优质教育。由经开区出资投资建成的泾渭体育运动中心，免费为当地群众开放，满足群众精神生活需求。陕汽医院、长庆职工医院等医疗卫生机构，以及修建一新的乡镇卫生院、全覆盖的农村甲级卫生室使园区群众在家门口享受到了优质医疗服务。"户分类、村收集、乡转运、区处理"的城乡垃圾一体化处理机制，促进了农村环保生态化建设。

二是基础设施的共建共享。园区的市政道路、给排水、供电、通讯等基础设施向农村延伸，引进了大唐热力、经开水务、通源天然气等企业，园区群众在全区最早用上了天然气、自来水，享受到城市化的服务。

三是允许农民有序参与企业建设。园区的建设不仅推动了工业化、城镇化发展，更多的是为失地农民提供了参与共建共享的机会。县委县政府组织园区失地农民有序参与企业地材供应、绿化保洁、管线维修等工作，实现了投资环境最佳和农民收入增加双赢的效果。如姬家村农民用拆迁补偿款购买机械参与建设，仅杨官寨村就拥有工程机械20余台、运输汽车100余辆，人均年收入从不足4000元提高到10000多元，形成机械租赁、物流汽运产业，辐射到整个园区及周边区县。

二 咸阳市礼泉县

礼泉县位于关中平原中部，东邻泾阳，西邻乾县，南与兴平、咸阳相连，北与淳化、永寿接壤，地势西北高东南低。礼泉北山南塬，四季分明，雨热同季，冷暖适中，自然环境十分优越。礼泉下辖12个镇3社区317个行政村，县域面积1018平方公里，现有常住人口44.8万人，县城建成区面积15平方公里，常住人口达10万人。截止2011年底，全县生产总值达到84.2亿元，是2006年的2.7倍；地方财政收入完成2.27亿元，是2006年的5.8倍；2006年以来累计完成固定资产投资185.8亿元，是上个五年的5.7倍；社会消费品零售总额年均增长24.7%，达到30.2亿元。经济总量大幅提升，2011年经济社会发展综合排名由2006年全省第29位跃居第20位。

（一）礼泉县城镇化现状

近年来，礼泉县坚持以科学发展观为指导，紧紧结合实际，统筹城乡协调发展，不断加大城镇基础设施建设投入，积极推进新型城市生态化进程，全县城镇化率呈现稳步上升态势。作为"关天"经济区的三级城市、西咸大都市卫星城，工业、商业和服务业发展迅猛，享有设施齐全、交通便利、信息灵通、人才汇集以及市场容量大和投资效益高等优点，城镇化步伐不断加快，城镇化水平快速提升。

2011年，礼泉县常住总人口达到44.8万人，其中城镇人口达到16.26万人，比上年增加4030人，增长率2.4%，城镇化率达到36.3%，比上年增加了0.9%个百分点，礼泉县城镇化率在咸阳市县区中处于中上水平，在全省处于较低水平。2012年，县计划城镇化率在2011年基础上提高了3个百分点，达到39.3%，城镇人口将增加1.7万人，城镇规模可扩大2.04平方公里（人均建设用地120平方米），可拉动投资约16.16亿元。其中城镇基础设施建设投资需2.01亿元（每平方公里1亿元），城镇居民住房投资需13.05亿元（人均住房30平方米，每平方米2600元），公共服务设施投资约需1.1亿元。同时可带动居民年生活消费约1.2亿元（人均日生产消费约20元）。

全县城镇化率达到36.3%，意味着礼泉县城镇化水平迈上了一个新的台阶，标志着礼泉县城市的辐射功能进一步加强。2008年，全县城镇人口只有12.2万人，城镇化率仅为28.2%，GDP仅为47.7亿元；2011年底，全县城镇人口达到16.26万人，城镇化率达到36.3%，GDP达到84.2亿元。平均城镇人口每增加4500人，城镇化率就增加1个百分点，拉动GDP增长12.17亿元。城镇化率平均水平达到20%，比上年增加了1个百分点。乡村居住人口减少5000多人，标志全县乡村人口向城市人口转移速度在加快，城镇化进程在提速。

（二）经验做法

根据省委、省政府加快城镇化发展的要求，结合礼泉县城镇化发展的战略与客观实际，确定城镇化发展主导战略是：大力培植、完善市场经济体制，遵循城市、人口、经济发展的规律，消除人口迁移流动的各种制度性障碍，引导人口与产业合理化流动与聚集，全面提高城镇化水平和质量，充分发挥城镇的聚集、辐射和带动作用，促进城乡经济、社会、环境协调发展。

1. 将城镇化与经济发展、社会进步紧密结合，走可持续发展道路。城镇化的发展水平最终取决于经济发展水平，城市是否具有生机活力，归根到底取决于经济发展和经济结构是否有生机活力，城市要有大的发展，经济首先要发展，形成强有力的拉动和支撑。而能够撬起城市经济的支点毫无疑问是充满活力的产业，特别是二、三产业，没有产业的大发展，城镇化只能是"空中楼阁"。因此，要把发展经济这个"第一要务"及调整经济结构与加快城镇化进程结合起来，增加城镇化发展的内在动力，以产业园区经济带动为主要特征，实现"工业强县、产业富县、旅游兴县、城乡统筹"目标。一是坚持生产力布局调整与城市空间结构紧密结合，建设和发展专业集聚区；二是借助城市的辐射力，建设和发展开发区和特色园区，以产业聚集带动城镇化；三是在县域经济区域和重点中心城镇周边建设特色鲜明的产业集聚区，以产业园区为载体，实现产业聚集和人口聚集，完成人口转移，促进城市的良性成长和可持续发展。

2. 切实更新观念，创新制度，努力破除不适应新形势、不利于城镇化发展的体制和政策障碍，形成有利于城镇化发展的制度保障和法制环境。一是突破行政区划和户籍制度对城镇化发展的制约，促进城乡一体化发展，在大力缩小城乡经济差别的基础上，体现和突出城乡人文地域等方面的鲜明特色差异。二是遵循市场经济发展的规律，运用现代城市管理理念，深化城市经营管理体制。三是落实和完善各项配套措施。坚定不移执行有利于城镇化发展的战略；发挥政府组织资源的优势，充分利用各种资源，解决城市经济和城市建设的投融资问题；加快非公有制经济发展，努力创造就业；消除人口流动障碍，使市场有效配置资源作用真正发挥；完善农村人口进入城市的劳动就业制度、职业技能培训教育和社会保障等制度，为不断进入城市的"新市民"创造公平的市场竞争环境，调动和利用全社会力量完成城镇化进程。

3. 提高城镇化整体水平，有效解决"三农"问题，必须重视小城镇建设。结合礼泉实际，在小城镇建设方面要注意以下三点：一是小城镇建设要成为农村城镇化进程中的支撑点和基地，成为农业产业化的依托，成为发展二、三产业的载体，要充分体现服务农业的观念。小城镇建设要围绕非农产业发展形成完善的综合服务体系，充分发挥作为中心城区与广大农村联接传导的角色作用。二是发展小城镇要效益优先，合理布局。发展小城镇要与解决"三农"问题紧密结合，与发展非农产业紧密结合，为非农产业发展服务。为了更好地发挥城镇功能的聚集、带动、辐射效益，解决好小城镇可持续发展问题，小城镇建设必须相对集中，突出重点，整合规模。要依靠产业集聚区、工业集中区等载体提高产业和人口的聚集程度，实现节约土地、产生规模效益。要重点依靠和发展提升现有的小规模县城以及有一定基础规模的中心城镇，发展壮大县域经济实力，形成中心城区和县域中心以及小城镇的比例协调、结构合理、布局科学的城市体系。三是小城镇建设要突出特色。要以发展二、三产业为支柱，以高效的农业产业效益为支撑，促进二、三产业的发展。要从本地实际出发，充分利用当地资源和条件，发挥比较优势，因地制宜，形成特色，有利于当地经济社会发展进步，体现当地的人文风格。

4. 促进镇（区）协调发展，全面提升礼泉县城镇化水平。城镇化最主要的效果是产生"聚集效应"和"规模效益"。对于礼泉县来讲，城镇化进程首先要着眼于中心城区的发展，重点加快中心城区和省级重点示范镇烟霞镇（县城副中心）建设的同时，大力促进镇（区）城镇化的发展，加快以县域、镇"区"为中心的小城镇群建设，积极发展小城镇，重点发展有一定规模和实力的中心建制镇，推动城市成长形成梯次。

5. 把城镇化发展与新型工业化紧密结合。发展壮大新型工业化是礼泉振兴经济的主导措施，工业化和非农业化过程是引发城市人口增长和聚集的主要途径。工业经济作为城市经济基础实力，是推进城镇化发展的主要动力。因此，在促进和提升礼泉县城镇水平不断发展的过程中，一定要和全县工业化特别是新型工业化建设紧密地结合在一起，走工业化和城镇化共同发展，资源环境协调发展，相互促进的道路。

6. 加大保障房安居工程建设力度，着力提高全县城镇化水平。栽好梧桐树，引得凤凰来。要想大力推进城镇化发展，就要加快保障房安居工程建设，积极吸引外来务工人员及在农村医院、学校工作人员，壮大城镇化规模。

7. 抓好城乡环境卫生整治工作，大力促进城乡一体化。

环境决定人脉、决定人气,决定投资方的方向。要达到城镇化建设的新水平,就必须把抓好城乡环境卫生整治作为一项重要工作来抓。从2011年至今,全县大力开展城乡环境卫生整治活动,着力改善城乡环境,为提高城镇化率先打下良好的基础。

三 咸阳市乾县

乾县地处关中平原西部,辖16个镇5个社区管理中心,256个行政村,人口59.6万人,面积1002.71平方公里。县城位于乾陵脚下,历史悠久,商贸发达,为省级历史文化名城。

近年来,乾县认真贯彻陕西省《加快县域城镇化发展纲要》、咸阳市《关于加快城乡统筹发展的意见》,研究制定了《加快县域城镇化发展实施意见》,编制了《乾县城镇化发展十二五规划》,提出了努力创建国际化大都市卫星城市的奋斗目标。经过努力,城镇规划工作逐步加强,基础设施不断完善,综合服务功能日趋增强,城镇化水平稳步提高,城镇面貌发生了显著变化,截至2011年底,县城规模化达到15平方公里,人口增加到13万人,全县城镇化率达到43.7%,根据全省县域经济社会发展监测考评,城镇化率位于全省第23位,咸阳市第4位。

(一)城镇化对经济发展的拉动作用

1. 提高城镇化率,必须增加城镇人口数量。城镇化的核心是人口城镇化,即实现人口最终由农村转移到城镇。2011

年,全县共有户籍人口为59.59万人,常住人口为52.80万人,结合人口自然增长率等因素,城镇化率每增加一个百分点,全县将有约6000名农村人口转移到城镇。要解决三农问题,要将滞留在农村土地上的大量剩余农业劳动力转移出来,就必须大力发展二、三产业,加快推进城镇化进程。

2. 提高城镇化率,必须切实增加城镇居民收入。推进城镇化的过程,实际上是农村人口向城镇转移的过程,农村人口转移到城镇,通过从事二、三产业,增加了收入。2011年,农民人均纯收入为7155元,城镇居民人均可支配收入为21516元。

3. 提高城镇化率,必须提升城镇化居民消费水平。加快城镇化发展步伐,一方面可以优化现有的产品需求结构,创造新的消费热点和消费主体,进一步扩大城镇化市场的消费空间。另一方面促进需求结构的提升,从而推动经济发展。根据相关部门调查,2011年,该县农民人均消费支出为3986元,城镇居民人均消费支出为11078元。从消费结构分析,其中食品、衣着、居住三大消费元素所占总消费支出的比例来看,城镇居民分别占31%、17%、10%。据推算,城镇化率每增加一个百分点,全县消费型支出将增加约4310万元,消费和需求结构也会进一步优化。

4. 提高城镇化率,必须加强城乡经济的协调全面发展。一个地方的经济总量即GDP是衡量发展水平的重要指标,而GDP的增长,在某种程度主要依靠二、三产业发展,而二、三产业的集中地在城镇，所以城镇是拉动经济增长的主要载体。2011年，乾县生产总值为92.98亿元，增速为14.5%，人均为17610元。通过预测，城镇化率每提高一个百分点，全县生产总值总量将增加约8260万元。

（二）主要措施

在加快城镇化发展上，必须坚持工业化与城镇化互动并进，以规划为依据，以产业支撑为基础，以制度创新为动力，不断提高城镇化发展水平。结合乾县实际，重点做好以下工作。

1. 加快城镇化规划修编。完成县城总体规划修编，加快县城详细规划和专项规划及村镇规划的编制进度，为指导城镇建设提供科学依据。

2. 加强城镇基础设施建设。重点抓好道路、给排水、绿化、亮化、气化、垃圾和污水处理等基础设施建设，全面提升城镇服务功能。

3. 完善城镇综合服务功能。根据城镇人口规模、人口结构与分布、设施服务半径，配套建设医院、商场、学校、公园、影剧院等公共服务设施，进一步增强城镇化综合承载力和吸引力。

4. 抓好建制镇建设。以重点镇和示范镇建设为抓手，全面抓好建制镇建设，提升城镇功能，改善镇容镇貌，力争用3到5年时间，把各建制镇建成经济繁荣、布局合理、设施配套、环境优美的特色镇。

5. 完善就业和社会保障制度。通过制定优惠政策，改革户籍管理制度，加大保障房建设力度等，引导农村劳动力向城镇转移，不断强化城镇居民在教育、医疗、就业和社会保障等方面的扶持。

四 延安市吴起县

吴起县坚持"城镇带动"的发展战略，按照"基础先行、适度超前、功能完善、协调推进"的思路，狠抓县域交通、城镇等基础设施改善和主导产业培育，着力夯实城镇长远发展的基础支撑，增强全县经济活力，城镇化水平稳步提高。"十二五"以来，吴起县牢固树立以人为本的城镇化发展理念，坚持"工业反哺农业，城市支持农村"的思路，及时把重心由过去强调规模、集聚人口转移到更多体现城镇功能发挥、基础设施完善、公共服务均等化、居民生活质量和幸福指数提升的内涵发展上来，在持续加大城镇硬件建设投入的同时，强化产业配套支撑，全力推进城乡公共服务均等化和进城农民市民化，城乡一体化取得了阶段性成效。其具体做法为：

（一）建好城镇，保证农民进得来

坚持科学务实、适度超前的理念，在科学预测未来农业人口转移数量的基础上，统筹人口、产业和城镇，确立了"一城六镇二十四社区"的总体布局，加强以县城为龙头、以建制镇为支撑、以新型农村社区为基础的三级城镇体系建设。县城立足建设8万人口区域性综合中小城市的定位，突出"小而精"

的生态文明城镇建设理念，按照"改造旧城、完善功能、加强管理、提升品位"的思路，围绕路、桥、水、暖、电、讯等基础设施和学校、医院、广场、街道等公益服务设施，每年集中抓建一批城市重点建设项目，不断拉大框架，完善功能，提升品位，使人均城市道路面积、用水普及率、绿化覆盖率、污水处理率等主要指标逐年提升，建成全市首批"全国文明县城"和"国家卫生县城"，县城综合承载力明显提高。小城镇建设主动承接县城的辐射带动，积极引导白于山区偏远农户向重点镇搬迁，规划实施移民搬迁1.2万人，重点强化对产业园区、市政设施和公共服务等设施功能配套，增强小城镇的人口集聚、产业吸纳、综合服务功能，建成了铁边城省级旅游文化古镇等一批特色鲜明的小城镇，为吸纳更多农民创造了条件。新型农村社区建设方面，按照"建设中心村、撤并弱小村、搬迁不宜居住村"的思路，加大村庄基础设施和公共服务设施建设力度，积极推进城市功能向农村延伸，引导农村人口向社区集聚，规划建设24个重点农村示范社区，将3个城中村一步改建为城市社区，促使生产生活条件全面改善，农民可自主选择进城入镇或社区居住。

（二）配套好产业，保证农民有活干

城镇化的主体是农民，农民就业靠产业。实践中，吴起县始终坚持把产业支撑放在城镇化的首要位置，以培育后续替代产业为重点，大力发展天然气、风能、生物质能等新能源项目，先后引进建设了60万吨液化天然气、300兆瓦国电风电等一批产值过亿元的重大能化项目，着力构筑三产联动、城乡一体的产业体系，努力增强经济发展后劲，为进城农民提供稳定的劳动就业岗位。县城以配套发展二、三产业为主，以金马工业园区为平台，实行企业向园区集中，产业向园区集聚，加快发展现代物流、生态旅游等现代服务业，不断提升全县商贸流通、住宿餐饮、交通运输等传统服务业发展水平，增加家政、搬运、物业等进城农民就业岗位。小城镇围绕棚栽业、畜禽业农村主导产业培育开发，完善产业功能性基础设施、生产性和生活性服务设施，每个乡镇建设一个现代农业产业园区，鼓励支持农产品加工等劳动密集型产业向小城镇集聚，农户可从事亦工亦农的劳动就业岗位。新型农村社区依托地方石油劳务公司，农忙种田，农闲打工，在家门口实现劳动就业，农民可选择适合自我发展的县城、小城镇或新型社区谋求发展。

（三）强化保障，保证农民稳得住

农民从农村出来，城镇仅有吸纳能力还不够，还得让农民能够放心搬得出，安心谋发展。吴起县坚持一切有利于城乡统筹为前提，坚决维护进城农民利益，在保证所有进城农民继续享受农村计划生育和各项惠农补贴等现行好的政策待遇的前提下，明确提出了农村土地承包经营权、宅基地使用权、林权和村集体资产产权"四不变"的保障措施，进一步完善农村土地流转服务体系建设，推进农村土地规模经营，让农民带着资产和土地流转收益进城，吃了政策定心丸。同时，加大对社会保障等民生领域的投入，在保障进城农民子女入学上，将所有农村小学撤并到乡镇,所有中学撤并到初中,每个乡镇办1所中心幼儿园,教育资源对进城农民及外来人口随迁子女全部放开,可按学区无限制分配入学。在就业上,专门建立城乡两级劳动用工信息网络互联的服务平台,进城农民与城镇居民享受同等的教育培训、职业介绍、就业指导、信贷扶持等服务。在养老和医疗等基本社会保障上,率先推行城乡居民养老和医疗保险制度并轨,将大病救助限额由过去3万元提高到7万元,城乡居民享受同等的政策待遇。在住房保障上,开工建设了54万平方米的保障房,建成了商品房、限价商品房、经济适用房、廉租房、进城农民和移民搬迁安置房等多层次的住房体系,进城农民与城镇居民同等享受保障房政策,改善进城农民工居住条件,逐步实现由流动向定居转变。在低保救助保障上,率先建立与经济发展水平相适应的低保机制,将农村和城市低保标准分别由过去每人每年625元、1920元提高到3000元和5000元,实现了社会保障全覆盖,降低了农民进城生活成本,彻底解决了他们的后顾之忧,实现公共服务均等化。

(四)增强服务,保证农民得发展

新型城镇化的本质是人的城镇化。没有户籍制度的改革,没有公共服务的平等,就没有真正的城镇化,也难以推进城镇化。吴起县以实施城乡户籍制度改革为抓手,率先推行城乡"一元化"户籍管理制度,取消"农业户口"与"非农业户口"的性质划分,统一按居住地登记为"居民户口",全面剥离附加在户籍制度上的各项不平等政策待遇，放宽外来人口迁移落户条件，鼓励农民举家进城定居，城乡居民可在城乡间自由迁徙流动，彻底消除了城乡分治的体制障碍。坚持把为民利民、便民惠民作为新型城镇化的落脚点，制定出台医疗、文化等各类公共服务设施规划时，充分考虑进城农民的需求，增加对进城农民的基本公共服务投入，把社区作为社会管理服务的主阵地，建立推行集就业、社保、租房、教育、计生等多种服务管理功能于一体的居住证管理制度，所有进城农民按所在居住地纳入城市社区进行统一管理，消除各类歧视性政策管理规定，探索推行了"一本六化"管理服务新模式，在每个社区设立一个便民服务工作站，为居民提供一站式服务，实行进城农民与城市居民同管理、同服务，使他们平等享受市民的各项公共服务待遇。加强对进城农民文明生活方式的养成教育，宣传普及文明礼仪、生活规范、健康卫生、法律法规等知识，使他们更好地融入城市生活。依托"人人技能工程"，对未升学初高中毕业生和45岁以下城乡青壮年劳力实行免费技能培训，增强进城农民就业创业能力，为进城农民转化为产业工人、城市市民创造条件。

五 榆林市靖边县

靖边县是1935年解放的革命老区，位于陕西省北部偏西、榆林市西南部，地处毛乌素沙漠南缘。全县总土地面积5088平方公里，辖11个镇、6个乡、1个国营农场，214个行政村，

10个社区，常住人口35.73万，其中县城常住人口21.5万。靖边县历史悠久、资源富集、产业发达、区位优越、经济繁荣，县域经济综合实力2008年、2009年连续两年进入全国百强县、连续10年进入西部百强县、连续9年进入陕西省十强县行列。"十一五"以来，随着县域经济的快速发展和城市的扩张，我们积极实施"城镇带动"战略，大力推进农民工市民化，加快新型城镇化建设，县城人口由10万人增加到20万人以上，县城区面积由22平方公里扩展到32平方公里，城镇化水平达到60%。

（一）加快基础设施建设，提高城市承载力

靖边县以打造陕北第三大区域中心城市和榆林市副中心城市为目标，立足区位优势，按照"一体、两翼、东西并重"的原则，着力推进基础设施建设，完善城市功能，拉大城市框架。一是推进市政道路建设。先后投资30多亿元改造和新建了长庆路等30多条城市道路，城市道路总里程达82公里，新建芦河南北大桥等4座城市桥梁。二是推进新区开发建设。2009年以来，先后启动了县城东西两个新区建设，已建成红柳路等市政道路6条，启动建设了西新区雨污排水等工程20多项。三是推进城市功能设施建设。先后投资4亿多元，建成了污水处理厂等一大批市政公用设施，启动实施了综合文化广场等城市功能设施，启动文化大厦等城市配套设施建设。四是推进片区改造建设。启动了做好林荫路等片区改造工作，累计改造居民生活巷道30多条，城市功能得到进一步完善。基础设施建设的不断完善，不仅变传统的农村人居环境为现代的城区人居环境，也提高了城市的承载能力，增强了城市对人口和产业的集聚和吸附能力，为城镇化发展提供了物质基础。

（二）加大产业发展，增加就业机会

产业化是城镇化的支撑，是城市发展的原始动力，能够为城镇规模扩大和质量提高提供坚实的经济基础。一是做强做大支柱产业。先后打造了靖边能源化工综合利用产业园区、中小企业创业园、新能源产业园区、商贸物流园区、现代农业示范园区五大园区，依托园区平台，大力发展石油天然气产业、能源化工产业、煤电输一体化产业、新能源产业、现代服务业、新型节能制造业六大支柱产业，强化了城市集群效应，带动和促进了其他产业加快发展。二是大力搞活第三产业。依托日渐显现的交通区位优势，提出建设靖边县商贸物流园区的设想，努力形成大商贸、大流通、大发展格局。同时，大力发展酒店餐饮、礼仪服务、物业管理等现代服务业，不断提升档次和水平，形成了较为完善的城市服务体系。支柱产业的日益壮大和第三产业的繁荣不仅能满足人民日益增长的物质、文化需求，又增加了就业机会，吸纳更多的农村转移的劳动力从事非农产业。

（三）提高城市服务水平，促进公共服务均等化

近年来，靖边县不断加大投入，各项社会事业取得了长足发展，城市服务体系更加完善，公共服务更趋于均等化。全面发展各级各类教育，实现了15年免费教育。对农民工子女开

展体验教育活动,帮扶农民工子女上大学,缩小教育差别。建成县医院住院大楼和25所乡镇卫生院、196个标准化村卫生室,进一步提高了新农合等惠民补贴标准。建成经济适用房、廉租房、危房改造等保障性住房共计6281套,缓解了城乡住房压力。建立以政府为主导的公共服务供给的多元参与模式,加强社区和社会组织在公共服务供给中的角色,促进靖边基本公共服务均等化。

(四)提升城市品位,创造宜居环境

近年来,靖边县以打造现代宜居县城为目标,深入推进城市环境卫生整治、文明素质养成、专业市场管理、城乡环卫一体化等六项城市管理工程,城区绿化覆盖率、主干道亮化率、自来水普及率、天然气覆盖率分别达到37.5%、100%、98%、50%,城市环境和整洁水平显著提高。截至目前,已成功创建为国家级计划生育优质服务县、科技进步先进县和省级卫生县城、园林县城、文明县城、交通发展示范县、依法行政示范县、电子政务示范县、教育强县等2项国家级和7项省级示范县城。2015年4月,靖边县启动"四城联创"工作,吹响了创建国家级卫生县城、园林县城、文明县城和省级环保模范县城的号角,借助创建工作,为快速发展的人口城镇化不断改善人居环境。

(五)突出城乡统筹协调发展,促进城乡一体化

近年来,靖边县紧紧抓住省上正在实施的白于山区移民搬迁工程,全力加快县城周边乡镇的发展,形成以城带镇、以镇

带村、梯度推进、整体协同的发展格局，打造县城与各乡镇的"1小时交通经济圈"，推动城镇化进程，促进城乡一体化发展。一是深入实施移民搬迁工程。全面实施海则畔移民一区、二区和寨山移民社区、东坑集镇移民社区等工程，投入搬迁资金7.2亿元，建成白于山区移民搬迁社区17个，搬迁群众4875户21300人，城镇化水平不断提高。二是深入实施重点镇村建设。推进东坑省级重点示范镇建设，累计完成投资7亿多元，实施新区市政基础设施、新区住房、建成区改造提升等共计23个项目。推进杨桥畔市级重点示范镇建设，实施老集镇街道改造工程等8个项目。加快新农村建设步伐，建成了"星级"社会主义新农村36个，省级生态乡镇1个、市级生态村4个。

（六）提升农民工社会地位，推进农民工市民化

近年来，靖边县多措并举，切实提高农民工社会地位，推进农民工市民化，提高城镇化水平。一是加大农民工培训力度，增加就业机会。靖边县整合人社、农工、工会、团委等部门的培训资源，摸清培训需求，并结合本地的特色经济产业和企业经营生产需要，确定易就业的培训工种作为重点项目对返乡农民工进行培训。2008年以来，累计投入返乡农民工就业创业培训资金940多万元，职业技能培训5944人，岗前技能培训1736人，SYB创业培训891人。二是提供法律服务援助，确保农民工权益。坚持以构建和谐稳定劳动关系为目标，切实加强对用工单位的服务和指导，不断扩大劳动合同签订率，积极化

解劳资矛盾，有效维护了劳动者的合法权益。2013年以来，共接待群众来电来访1100人次，发放《劳动者维权手册》5000本，审核用人单位629家，涉及劳动者1.3万人；督促用人单位与1万多名劳动者签订劳动合同；依法受理拖欠农民工工资案件127件，立案调查112件，为879名农民工追回拖欠工资2005万元。三是放宽城镇户口限制，引导农民工市民化。全面贯彻落实中央和省市放宽城镇户口限制的有关政策，引导支持农民进城务工，进一步提高城镇化发展水平。加强移民搬迁与进城落户工作相结合、重点集镇社区建设与进城落户工作相结合、城中村建设与进城落户工作相结合的"三个结合"工作模式，有力推动了有条件农村居民进城落户工作。2013年以来，共办理有条件农村居民进城落户手续9557人。

六 榆林市子洲县

子洲县地处山区，总人口31.55万，其中农业人口29万，地方财政收入4550万元，城镇居民人均可支配收入21967元，农民人均纯收入达6582元，是红色革命老区，国定贫困县，经济发展相对落后，城镇化发展水平不高。近年来，子洲县确立了以县城为中心，以重点镇、建制镇和新农村为辐射的城乡发展战略，优先推进工业化，逐步发展规模化特色农业，不断加强城镇基础设施建设，城镇化呈现加速发展态势，县城人口由2010年的34334人发展到2012年的37037人，城镇化率也从2010年的27.5%提高到2012年的31.9%，以每年两个百分点的增长速度不断提高城镇化水平。子洲县推进城镇化的具体做法如下：

一是强化招商引资，重点发展工业产业。制定招商引资优惠政策，吸纳和扶持了一批农副产品精深加工和能源资源就地转化利用企业，引企入园，为城镇化发展奠定了坚实的产业支撑和经济基础，为农村劳动力在城镇就业搭建了平台，解决了一部分农村进城人口的就业问题。

二是突出因地制宜，促进农业产业化发展。以陕西省现代旱作农业示范县建设项目为抓手，大力发展玉米、大豆、羊子、马铃薯四个主导产业和蓖麻、黄芪、山地苹果、小杂粮四个特色产业，推进旱作农业和特色产业规模化、标准化、产业化，优化农村产业结构，释放更多农村剩余劳动力进城就业，进一步促进了农村人口向城镇转移。

三是多方筹措资金，加强城镇基础设施建设。主要实施了县城环状路网建设、污水和垃圾处理两场建设、农贸市场建设等；实施了学校、医院等一系列基本民生保障项目的整合改造；加强了重点镇和部分新农村基础设施建设，城镇规模不断扩大，公共基础设施服务功能不断完善，城镇居民生活环境明显改善，吸纳集聚人口能力极大提升。

七 安康市岚皋县

岚皋是传统农业大县，工业化和农业产业化起步较晚，现有中心县城和建制集镇15个、村188个，县城常住人口4.89

万人，县城规划区控制面积35.9平方公里，建成区面积4.5平方公里。在推进城镇化的进程中，岚皋县坚持规划先行、分步实施、分类建设的原则，统筹城镇扩容与基础配套、产业发展与群众增收、人口转移与民生改善三个方面的关系，抓住有条件农民进城定居、陕南循环发展及避灾移民搬迁等机遇，大力推进产业、配套、人口、服务合理有序集中，全县人口集中区域的水电路讯通达率均达到100%，基本形成了以县城为中心、以建制集镇为重点、以旅游新村和避灾搬迁安置小区为节点的县域城镇体系，2012年全县城镇化率36.5%。具体做法：

一是以交通建设为重点，努力改善城乡基础条件。先后完成安岚二级公路改造、县镇三级公路改造、通村水泥路建设和旅游专线公路建设1300余公里，基本实现了既定的出境二级路、县镇柏油路、通村水泥路、景区专线路目标，全县交通通达能力得到大幅提升。

二是以城镇新村建设为重点，努力扩大城镇规模。统筹实施以县城为中心、以建制集镇为节点的县域城镇体系建设，同步推进老城改造、新区开发和移民搬迁安置小区建设，拉大城镇骨架，完善配套设施，全县城镇总面积由五年前的2.5平方公里扩展到现在的4.8平方公里。

三是以加强配套设施建设为重点，努力完善城镇服务功能。适应人口集中带来的服务集中和配套集中，大力实施教育、医疗、文化、体育、信息和基本生活设施向人口聚集区倾斜，扎实推进教育布局调整、医药卫生体制改革、城乡社会保障等重点工程，全县中小学校由五年前的57所优化调整为现在的32所，县镇村三级医疗服务设施和便民服务体系初步建立，县城、集镇、新村和移民搬迁安置小区的通电率、通自来水率、移动通信覆盖率均达到100%，城乡群众的基本生产生活服务得到保障。

四是以培育特色产业为重点，努力提高城乡群众收入水平。把提高群众的经营性收入和财产性收入作为衡量城镇化水平的重要指标，依托南宫山景区开发和旅游村镇建设，大力发展以魔芋、畜牧、烤烟、茶叶、蜂蜜、食用菌、蔬菜、农家乐为重点的增收产业，先后建成以溢河宏大、四季头桥为代表的全国农业旅游示范点，以及花里、横溪、佐龙等旅游景区沿线以农家游、农家乐、农家休闲观光为重点的旅游消费带，产业增收和服务业增收成为群众增收的重要组成部分；坚持工业向园区集中，发展以魔芋、花炮、矿电、林产一体化为重点的规模以上工业企业21户，各类小微型企业、个体工商户5000余户，县级工业园区和镇办工业小区成为带动人口聚集、促进就业增收的重要节点。

五是以陕南移民为契机，努力加快农村人口转移。近五年来，全县累计转移搬迁农村人口2.2万人，城镇规划区人口总量净增3.2万人，其中县城新增人口2万人、达到6.5万人。

八　安康市紫阳县

紫阳县位于陕西南部，汉江中上游，大巴山北麓，属南水北调重要水源涵养地。县域总面积2204平方公里，辖17个镇，35万人，其中农业人口30.9万人。截至2012年底，紫阳县城镇化率达到36.5%，两年时间提升了5个百分点。2012年紫阳县被省政府评为度移民搬迁工作先进县。通过实施移民搬迁，预计将有3万多户，10余万人进城入镇，城镇化率有望达到60%以上。紫阳县在推进城镇化的基本做法：

（一）因地制宜做好城镇规划布局

规划是建设的灵魂，"科学规划是最大节约"。紫阳县按照"超前规划、量力而行、分步实施"原则，以10万人进县城、10万人进集镇、10万人进中心村的"3个10万"人口布局，编制完成了县城总体规划和详规，投入500万元编制完成了20个集镇、56个中心村规划和130余个安置小区修建性详规，形成以县城为中心，重点镇为依托，中心村为基础的三级城镇布局。

在城市建设方面，按照"南跨、西拓、中优化"的原则，坚持"一主两副、一城四区"县城新格局，推进蒿坪、向阳两个副中心建设，加快老城区改造、江南旅游新区、仁和国际社区、西门河新区建设，推进河堤路滨江大道建设，完善城市功能，提升县城品味，精心打造"一江清水、两岸秀色、人水相映、华灯璀璨"宜居宜游的精美县城。力争在2020年，县城建设空间布局合理，建成城市快速交通干线，人口聚集达到10万人。

重点镇建设方面，依托资源优势、地理条件和特色产业，加快蒿坪、红椿、向阳、汉王、麻柳等10个集镇建设，突出文化和地域特色，着力打造一批工业强镇、农业重镇、旅游名镇、文化古镇、商贸集镇，不断扩大集镇规模，完善集镇功能。逐步缩小城乡差距，打破城乡二元结构，实现城乡融合、共同繁荣。

中心村建设方面，坚持"项目捆绑、资源整合、集中投放、整体配套"的思路，按照统一规划、统一模式、统一标准、统一风格的要求，加快以道路硬化、渠系网化、路灯亮化、街巷绿化、村庄净化、环境美化为重点，突出抓好城关新田、向阳营梁、高桥裴坝、红椿盘龙、汉王农安等20个重点示范村建设，做到村容整洁环境美，村强民富生活美，村风文明人文美，村稳民爱和谐美。

(二)"分类推进"移民搬迁解决"搬得出"

紫阳山大沟深、灾害频发，有3.22万户13.25万人急需从危居地带和高寒山区搬出。紫阳县紧抓避灾移民搬迁机遇，推进城镇化工作。一是坚持政府主导，降低房屋造价，确保搬迁群众"买得起"。房价是影响群众搬迁的主要门槛。紫阳县采取由政府统一征地、统一设计、统规统建的办法，明确土地征用、拆迁等最高限价；通过实行政府最高限价和价格听证制度确定平方造价，做到房屋定价公正、透明、合理。目前，集中安置建房成本均控制在每平米1100元以内，远低于群众自建房和商品房价格，确保有搬迁意愿的群众都能尽快实现搬迁。二是坚持以户定建，突出统筹兼顾，确保困难群众"住得进"。

在推进搬迁中,实行按户收取定金,确定建房数量和基础设施配套规模,有效防止铺摊子、空房子现象发生。同时,按照"富裕户进县城、中等户进集镇、一般户住社区、困难户靠保障"的思路,实行地质和洪涝灾害高发区优先,生存条件恶劣区优先,危房户和特困户优先,重点关照鳏寡孤独残等重点帮扶的对象,有效防止了搬富不搬贫。全县目前已建设避灾周转房和特困户保障房434套,21个镇都建有1所标准化敬老院。三是坚持多元投入,创新搬迁模式,引进民间资本缓解"资金难"。积极引入民间资本参与移民搬迁,既解决搬迁群众就业,又解决建设资金压力问题。创业成功人士黄寿远致富不忘家乡,返乡投资万亩油茶农业综合开发项目。采取"统规统建、成本定价、原房补差、股本分红、务工折算、零价入住"办法,让农户下山以房地置换入股,全额出资给村民建设房屋,农户不花一分钱即可入住社区。高桥镇李远权返乡投资6000多万元在集镇规划区,开发建设开源生态农业示范园区,推行"公司+协会+农户"的模式,集中土地流转3000亩,与广大农户签订农产品购销协议,解决了农户搬迁后续发展,安置农户300户1400人。同时,利用移民搬迁配建10%商品房优惠政策,在蒿坪、双桥等较大规模移民搬迁镇,配建门面房,政府低价回购、拍卖,缓解资金不足问题。

(三)坚持"生态宜居"确保"留得住"

新型城镇化建设必须尊重和顺应自然,紫阳县坚持按照"建设美丽紫阳"的目标要求,立足生态优势,突出山水特色，彰显文化生态品位。一是加强文化旅游基础建设。把文化旅游基础建设作为重点工程，全力打造"汉江画廊、茶歌紫阳"文化旅游建设。突出茶文化，在富硒茶观光园建设茶文化体验馆，在仁和国际社区建设紫阳茶博物馆，打造展示紫阳茶文化的重要平台。突出民歌文化，建成民歌演艺展示中心，打造民歌表演、学唱、培训重要场所。以道教养生谷建设为依托，积极挖掘道教养生文化，全力打造"硒谷紫阳、养生天堂"。二是提升城镇生态文明水平。扎实推进汉江综合治理、天然林保护等重点工程，深入推进省级生态县、环境优美镇和最美乡村"三级联创"活动，加大汉江两岸、县城周边、高速路沿线绿化美化力度，努力保护绿水青山。三是大力推进农村环境整治。农村环境卫生脏乱差，直接影响群众生产生活。以改善农村村庄环境面貌、提高农民生活质量为目标，强力推进污水处理厂、垃圾填埋场建设，重点实施各镇市政道路、供排水、绿化亮化、社区广场、专业市场等项目，推进城镇精细化综合管理，缩小各镇与县城建设的差距。

（四）坚持"产业同步"确保"能致富"

城镇化能否稳定持续发展，关键在于产业支撑。农民从农村到城镇，如何留得住人，安得下心，关键要有一个稳定的职业和收入。紫阳县通过"五个一批"的办法，坚持产业同步，创业就业并举，确保农民能致富。一是现代农业特色产业园区消化一批。按照"低山茶叶蔬菜、中山魔芋蚕桑、高山木本药材"的立体农业发展模式,通过推动土地向大户和园区集中,发展现代农业园区10个。高桥镇开源现代富硒农业园流转土地4000亩,与农户签订种植合同,建设富硒食品加工厂,进行富硒农产品深加工,拉动当地2万亩土地经营增值,有效解决安置小区农民就业;双安现代农业示范园区发展富硒蔬菜2000亩,兴办了3个富硒食品加工企业,解决当地一大批搬迁群众就业。二是兴办各类企业吸收一批。蒿坪硒谷生态工业园区聚集了一批劳动密集型企业和食饮品加工企业,吸纳双星移民安置新型社区近千户农民就地变身职业工人;农业产业化龙头企业红椿盘龙茶叶公司通过新建省级茶叶示范园区,带动8个茶业专业村4500名茶农成为职业茶农。三是积极发展服务业转化一批。大力发展紫阳富硒茶、紫阳美食、郑远元足浴连锁经营和乡村旅游业,有效解决新生代农民工就业问题。同时重点加大对搬迁农户的创业就业帮扶力度,2012年,全县累计发放创业小额贷款1.5亿元,有效解决了搬迁户创业资金紧缺问题。四是大力发展劳务经济输出一批。建立"县有中心、镇有站点、村有信息员"的转移就业服务网络,加强群众创业就业技能培训,让更多群众带着技术外出创业,帮助搬迁群众有组织劳务输出,增加现金收入。全县每年有8万左右劳动力外出务工,年创收超过9亿元。五是开发社会公益性岗位安置一批。积极开发农村公路养护、社区保洁、敬老院护工等公益性岗位,优先保证搬迁群众就业。全县形成了"住在山下、增收在山上;住在城镇、增收在企业;住在社区、增收在园区;住在县内、增收在县外；住在小区、就业在小区"的格局。

（五）坚持公共服务"人人共享"确保进城农民"过得好"

城乡差别实际上是公共服务差别。紫阳县坚持创造同等机会，提供平等待遇，均等配置资源，让城乡群众在公共服务均等化中享受美好生活。一是推进教育卫生资源均等化。调整优化全县中小学规划布局，加快学校寄宿制建设步伐，推进镇中心幼儿园建设，建立健全儿童教育管护、家庭困难学生资助体系。建立城乡教师的合理流动机制，不断提高城乡教育教学水平；推进基本公共卫生服务覆盖城乡居民，整合优化现有医疗卫生资源，完善村级社区卫生保健网络建设。二是推进文化服务均等化。加快以数字影院、文体中心、图书馆、博物馆等为主的县城文化核心区建设，改造提升各镇文化站、社区广场、村活动室，加强基层公共文体服务体系建设，不断加快文化事业发展，实现数字电视"村村通"和"农村书屋"等文化资源全民共享。三是推进住房保障均等化。加大保障房建设力度，加快廉租房、公租房和经济适用房建设进，实现低保家庭住得上廉租房，低收入家庭住得上经济适用房，新就业人员和进城农民工租得起公租房，使各个层次的进城农民基本实现住有所居。

（六）坚持社会管理"创新突破"确保进城农民"能融入"

城镇化的本质和核心是人的城镇化。紫阳县坚持改革创新，打破城乡二元体制分割，加快构建新型城乡、工农关系，让农民进城入镇后生活状态逐渐融入，形成"社会化""人性化"管理。一是深化产权制度改革。培育农村产权交易市场，建立农业资源评估机构，健全中介服务机制，加快农村集体土地所有权、集体建设用地使用权、房屋所有权"三权"颁证工作。二是加快农村土地流转。坚持依法自愿有偿原则，鼓励土地、林地、水面资源向专业大户、合作社、农业园区流转，发展股份合作、专业合作、土地托管、技术服务等多种形式的经营。强化失地农民社会保障，探索"土地换社保"新模式，建立健全被征地农村居民社保及就业安置长效机制，使失地农民有保障、能发展。三是提升城乡居民素质。以"三创"为载体，深入开展文明村镇、文明社区、道德模范等精神文明创建活动，丰富群众文化生活，弘扬社会主旋律，提高农民综合素质。四是打破城乡政策壁垒。重点推进户籍、医疗养老、社会救助三项制度改革，推进城乡统一的居住证制度，实行城乡居民"自由选择、自由转换"的医疗养老保险制度，实施社会救助工程，让城乡居民享受同等待遇和保障。

九 商洛市商州区

商洛市商州区地处陕西东南部，秦岭南麓腹地，全区总面积 2672 平方公里，辖 19 个镇、4 个街道办事处，385 个行政村、31 个社区，总人口 55 万，2010 年城镇人口 11.8 万，农业人口 43.2 万，农村富余劳动力 19.6 万人，常年外出务工人员

10万以上，三年来累计外出务工36.6万人次，就地转移就业4.9万人次，创经济收入26.56亿元。2012年农民人均纯收入5414元，其中70%以上来源于劳务收入，是典型的劳务输出大区。

作为劳务输出大区，商州区委区政府高度重视农民工市民化工作。截止目前，全区城镇人口由2010年的11.8万人增加到21万人，城镇化率达到42.6%。新转化市民中，青壮年人数占59%，33%为未成年人，8%为老年人；初中以下文化程度占68%，高度文化程度仅占13.3%，高中以上文化程度占18.7%。全区近三年离开商洛到西安等地落户的农民工有76户265人。据调查，大多数进入城镇落户的农民工从事建筑、搬运、运输、餐饮、营销等行业，他们的月收入远远大于在农村的收入，其中：人均月收入在1500元以下的占21.6%，月收入在1500元至2500元的占26.3%，月收入在2500至3000元占42.1%，月收入在3000元以上的占10%。收入的增加相应改善了农民工家庭的生活状况。由于居住在城镇，市民化后的农民工生活方式也在悄然改变：饮食习惯、消费习惯改变，文化消费支出增加，文化素养提高，越来越重视子女教育问题，越来越重视精神生活追求。

（一）主要做法

一是加大户籍制度改革力度，制定出台一系列优惠政策，积极鼓励农民工进城落户，让进城农民享受与市民均等的公共服务，促使农民工市民化。2011年办理农村居民进城落户3821

户 13060 人；2012 年办理农村居民进城落户 2654 户 7962 人；2013 年办理农村居民进城落户 3022 户 7241 人。近三年来进城落户共计 9497 户 28263 人。

二是大力抓好移民搬迁，加大小城镇建设力度，使高寒边远山区及洪涝灾害易发区农民在小城镇定居落户，提高城镇化率。与此同时，立足城镇兴办二、三产业，促进了资源向城镇集中，拓展了城镇服务功能，吸纳周边群众在小城镇务工定居，推进城镇化进程。2011 年移民搬迁 2600 户 10589 人；2012 年移民搬迁 2900 户 11571 人；2013 年移民搬迁 3100 户 11379 人，三年累计实现小城镇移民搬迁 8600 户 33539 人。

三是抓创业，促就业，拓宽群众收入渠道，改变群众生活方式。积极创建市级农民工回乡创业示范区，认真落实"政策支持创业、培训促进创业、服务帮助创业、示范带动创业"四大举措，全力推动全民创业工作，着力破解农民工回乡创业难题，基本实现了从"输出一人、致富一家"的加法向"一人创业、带动一方"的乘法转变。2011 年回乡创业 756 人，创办经济实体 335 个，带动就业 8000 余人，劳务输出 10.5 万人，同比下降 4.8%；2012 年回乡创业 3228 人，创办经济实体 1344 个，带动就业 9000 余人，劳务输出 10.4 万人，同比下降 1.05%；2013 回乡创业 4516 人，创办经济实体 1067 个，带动就业 7700 余人，截止 10 月底劳务输出 9.9 万人，同比下降 4.9%。三年来，全区共创办经济实体 2746 个，回乡创业农民 8500 余人，带动就业 2.47 万人，劳务输出率逐渐下降，区内就业容量迅速扩大，就地就近就业比例大幅度提高。

（二）基本经验

一是落户转市民，沉淀一批。加快推进户籍制度改革，合理设置落户条件，结合政府财政能力，充分尊重农民工意愿，对在城镇拥有稳定住所和工作的农民工及其家属，尽快转为流入地居民。对长期居住、工作在城市里，但尚未取得稳定收入和居住条件的农民工，加强其所在城市的公共服务能力，使相关福利与户籍脱钩，逐步让农民工也享受到市民待遇。同时，引导鼓励资源环境承载能力较强、产业集聚和经济条件较好的沙河子等重点城镇吸纳更多人口定居兴业。

二是均等化服务，稳定一批。以加快基本公共服务均等化为核心，消除差别待遇，分类指导，有序推进农民工市民化，让流动人口共享发展成果。由于流动程度和生存状态不同，农民工群体内部也有不同的层次，第一类是那些基本上已经融入城市的农民工，他们在城市里有固定的住所，有稳定的工作和相对稳定的收入，他们与城市居民相比除了还是农村户口外，基本上没什么差别。第二类是那些常年在外打工，但又具有一定流动性的农民工。他们的工作和收入都相对稳定，但他们没有自己固定的住所。第三类是季节性在城镇务工的农民。他们仍以农业为主，务工只是他们增加收入的一种手段。针对不同层次的农民工应采取不同的措施。对第一类农民工，他们已基本上融入城市，市民化意愿强烈，所以要优先考虑这一层次的农民工转化为市民，并相应解决他们的养老、医疗、社保等方面的配套服务。对第二类新生代农民工，他们市民化意愿较为强烈，但市民化能力弱，依靠自己的力量暂不能解决住房问题，我们统筹小城镇建设、移民搬迁、保障性住房等政策，努力解决其住房、医疗、教育等难题。而对第三类农民工，由于他们的市民化意愿并不强烈，重点是要通过加强劳动技能培训、提供用工信息、强化劳动监察等服务措施，解决其稳定就业问题，保障其合法权益。

三是就近促转移，消化一批。拓宽就业渠道是推进农民工市民化的关键所在。商州区紧紧抓住商洛市"一体两翼"中心城市发展机遇，加快实施主体功能区战略，围绕丹江流域沿岸，加快推进商丹循环工业园、中小企业创业园、荆河生态工业园建设，使之成为吸纳农民工就业的主要基地。依托"一体两翼"主核心板块优势，大力发展现代物流、中介服务、电子商务、信息网络、餐饮娱乐等城市配套服务业，繁荣商贸经济，吸引更多的农民工到城镇经商兴业、安家落户；发挥商州生态和沟域优势，大力发展"果、畜、菜、药"四大农业主导产业和现代观光农业、家庭农场、农家宾馆等产业，壮大农村专业合作经济组织，加快土地经营权流转和林权流转，鼓励引导农民工就近入园务工，形成"公司＋合作社＋农户"的产业化经营模式，辐射和带动农民工向二、三产业转移，实现农民工在城镇稳定就业、充分就业、体面就业。同时，强化中介服务，加快劳动力资源开发中心信息化建设步伐，建立完善信息收集和发布制度，及时收集、发布用工信息，提高农民进城就业的质量和效率，为农民工市民化提供充分的就业服务保障。

四是留乡创新业，吸附一批。进一步健全体制机制，形成以工促农、以城带乡、工农互惠、城乡一体的新型工农城乡关系，让广大农民平等参与现代化进程、共同分享现代化成果。加快推进新型城镇化，坚持以沙河子省级重点示范镇等11个省市区重点镇为重点，结合社会主义新农村建设、扶贫开发重点村建设，按照"以人为本、规划先行、产业支撑、服务均等"的思路，全面加快城镇化步伐，努力发展第三产业，创造更多的就业岗位，提升城镇的吸纳能力，确保更多农民工落户后就业有保障、谋生有路子。在小城镇优先创新发展教育、医疗、卫生事业，加大政策扶持力度，在证照办理、税费优惠、土地使用等方面提供支持，为农民工回乡创业提供宽松的政策环境和发展条件。加大资金扶持力度，充分发挥区中小企业贷款担保机构、下岗失业人员小额贷款担保机构等现有担保机构的作用，运用返乡农民工小额担保贷款、中小金融机构再贷款、支农再贷款、再贴现等货币政策工具，加大对返乡农民工创业信贷支持。加强对返乡农民工创业的指导和服务，搭建社会化服务平台，积极提供技能培训、项目咨询、信息服务等，为返乡农民工提供投资少、见效快、效益好、市场前景广的开发性项目，及时为返乡农民工排忧解难。

附录一　三亚统筹城乡全面建设小康社会总体思路

一　总体发展思路

坚持国际性热带滨海旅游城市定位和发展目标,提升城市价值,实施高端战略,统筹城乡发展,努力把三亚建设成为旅游度假胜地、天涯文化源地和创新创意高地。

(简称:提升城市价值,实施高端战略,统筹城乡发展)

二　四大特色优势

区位显要:中国最南端的城市,是中国大陆出入东南亚、走向世界的重要门户。

类型独特:以热带和滨海为显著特征,是中国唯一的热带滨海城市,并拥有最优良的滨海资源(海湾、海水、海沙)。

资源富集:旅游资源丰富、生物多样性和谐,既是旅游胜地，又是现代生物技术的基因库。

历史悠久：万年以前古人类遗址"落笔洞"座落域内，汉唐以来，南部州府制所设于其中，天涯文化源远流长，人文资源丰厚、多元。

三 产业发展战略

以高端产业为取向（高端取向），以旅游业为龙头（旅游龙头），以现代农业、海洋产业、创新创意产业、商贸业、房地产业、文化产业为支撑（六业支撑），构建符合三亚实际和发展要求的现代产业体系。

（简称：高端取向、旅游龙头、六业支撑）

四 区域振兴战略

实施城乡统筹规划，加快区域合理布局，启动东、西、南、北、中全方位发展的动力机制，以东部为重点，提升三亚城乡总体建设水平并发挥三亚应有的辐射作用。

东部——海棠湾国家海岸开发

西部——崖城创新创意产业基地建设

南部——鹿回头半岛及海上旅游加快推进

北部——绕城高速公路及其连接线建设

中部——公共服务中心及中央商务区建设

（简称：东西南北中，以东部为重点）

五 全面建设小康社会的重大任务

一是加强新农村建设,扎实推动城乡统筹发展。三亚全面小康社会建设重点、难点在农村。要大力发展设施农业和产业化,开发热带特色资源和海洋资源,培养造就新兴农民,促进农民转移就业创业,多渠道增加农民收入;要按照城乡"七个统筹"的要求支持农业和农村。

二是以重点项目为载体,着力推动城市建设及各项事业的发展。要按照三亚全面小康社会项目规划要求,改善投资环境,发挥政府引导作用,全力推进重点项目建设,促进社会全面进步。

三是积极举办健康有益的高端活动,不断提升三亚国际显示度、影响力,努力打造国际旅游名城。以三亚中英文城市名片"美丽三亚·浪漫天涯"、"Forever Tropical Paradise—Sanya"进行城市营销。

四是大力培育新的经济增长点,保证经济健康快速发展。针对经济发展水平是三亚全面小康社会建设的短腿,要坚持发展第一要务,紧紧抓住当前十分宝贵的重要战略机遇期,调整产业结构,乘势而上,保持经济强劲发展势头。

五是关注民生,加快基本公共服务均等化建设步伐。按照省委《加快基本公共服务均等化建设的意见》,尽快制定三亚市民生规划,让发展的成果惠及老百姓。加强基层防控体系建设,维护社会稳定。牢记稳定第一责任,实现社会和谐。妥善处理发展过程中的各种社会矛盾，调动各方力量搞建设，最大限度地减少不和谐因素，坚决打击黑恶势力。

六是强化领导干部作风建设，进一步提高党的执政能力。完成三亚全面小康社会建设的各项任务，关键在搞好党的建设特别是领导干部作风建设。要狠抓党建第一工程，为三亚全面建设小康社会提供强有力的组织保障。要加强宗旨教育，突出抓好领导干部的作风建设和反腐倡廉建设。

（简称："六大任务"）

六　围绕全面小康社会建设的三亚城市发展要求

做大总量，优化结构，加强基础设施建设，提高城市旅游服务水平和城市管理水平。

1. 做大总量：到 2013 年，必须在人口增长的条件下，实现人均 GDP 翻一番，达到全面小康社会经济发展水平的基本要求。

2. 优化结构：以高端产业为取向，大力发展以旅游业为龙头的现代服务业。城市经济尤其要重视商贸业、文化产业及创新创意产业的发展。积极创造条件，通过引进高端人才，发展现代金融、网络、传媒等前沿产业。

3. 完善城市基础设施：建立完备的垃圾、污水处理设施，提高城市供水供电供气保障水平。

4. 当前和今后一段时期，三亚要继续坚持以交通、卫生为突破口，提高城市管理水平和旅游服务水平。

七 围绕全面小康社会建设的三亚农村经济发展要求

三亚农村相对落后，在全面小康社会建设过程中有诸多方面要求，突出表现在：一是转移农村剩余劳动力，增加农民务工收入。二是以社会事业和社会保障为重点的涉及民生问题的财政支持。为此：

1. 大力发展设施农业，繁荣农村经济，提高农民收入。三亚农业发展要走珍惜土地资源、提高土地产出率的路子，坚持"设施农业＋产业化"的基本思路。在相当长的一段时期，三亚农民收入的提高主要还是依赖于农业的发展。

2. 劳动力内部就业。农业的发展也可以增加就业岗位，特别是发展设施农业有利于扩大就业。调整农业内部产业结构，发展劳动密集型产业，可以进一步拓展农村就业空间。

3. 保护生态环境，体现农业的多功能性。林业建设，保护植被，提高绿容量，是三亚农业的重大任务。三亚山区、丘陵地带比重大，有赖于农村的保护。种植业，尤其是水田种植也有湿地调节生态功能。

八 城乡经济关联互动

1. 市场需求拉动。农产品丰富城市居民生活，城市用品下乡，相互扩大市场。

2. 产业互动。兰花、热带观赏鱼（垂钓）、苗圃等都市农业发展，为旅游城市添光彩。旅游业下乡，乡村旅游支撑农村第三产业发展。

3. 调整人口布局。城市经济发展吸纳农村剩余劳动力，农村人口进一步向城镇转移，提高城镇化水平。

九 城乡两大系统互相作用的价值取向

1. 缩小城乡差别，消除二元经济结构，让经济社会发展成果惠及城乡居民，实现基本公共服务均等化要求。

2. 完善城市功能，提升城市整体价值。三亚土地面积极其有限，必须十分节约宝贵的土地资源，从源头上全面提高土地资源利用价值，使其经济效益、社会效益、生态效益最大化最优化，从整体上全面提升城市价值。为此需要打造高端产业，实行城市资源与农村资源呈带状组团和点式分布，着力建设资源节约型、环境友好型社会。

十 统筹城乡要素资源

1. 土地资源统筹利用。城市农村发展都需要利用土地资源，必须统筹安排。安排土地资源必须符合国家政策规定和三亚市发展要求。

（1）设定三条"红线"：必须保证基本农田不得减少，以保护农业生产能力；必须保护农民的利益不受损失，对农民的各项补偿和保障水平不得低于国家的政策规定；必须确保生态保障能力不下降，森林覆盖率要保证在63%以上。

（2）在土地调整过程中，要因地制宜，要同设施农业基地建设和农业产业化、规模化相结合，要同相关产业集中布局相结合，要同提高城镇化率相结合（可以考虑农民居住向城镇相对集中）。

（3）2013年的土地调整方案：建设用地净增加634.2公顷（计9513亩），其中：城镇建设用地净增加3296.9公顷（计49453.5亩），农村居民点建设用地减少2662.7公顷（计39940.5亩）。净增部分要通过未利用土地及调整残次林用地解决。

2. 基础设施统筹建设。城乡统筹发展，必须考虑城乡基础设施的统筹建设。在统筹城乡中，基础设施主要包括综合交通、市政配套设施。综合交通设施既包括城市域内和农村道路，还包括联系城乡的"快速通道"。市政设施主要考虑城镇两级垃圾、污水处理及供水供电设施。

三亚到2013年全面建设小康社会的基础设施建设任务极其繁重，绕城高速公路不仅是三亚北扩的骨干工程，同时通过若干条滨海连接线，也是三亚城乡联系的纽带。中心镇到各行政村的硬面公路需净增加近300公里，从行政村到自然村的路网建设任务更加繁重。为了适应城镇化发展需要，2013年以前，还要新建凤凰、海棠湾两个水厂，增加管网548公里，同时实施崖城水厂的扩建工程。

3. 城乡劳动力就业统筹安排。发展经济，扩大就业是民生之本。三亚城市经济发展将提供较多的就业岗位。据测算，2013年之前，三亚约有6.5万农村剩余劳动力需要转移就业，而同期城市可创造的新增就业岗位达7万个。顺利转移农村剩余劳动力，关键在于加强职业教育。要根据城市就业岗位的需求进行订单培训，同时政府要加强引导，对户籍制度进行改革。

4. 城乡社会事业统筹发展。

（1）要合理配备教育资源。加快推进义务教育阶段学校标准化和规范化建设。要在全市新增农村寄宿制小学12所，新建初级中学1所、扩建16所，新建5所高级中学，其中两所职业高中，创造条件大力发展高等教育。

（2）科技方面。科学技术在提升三亚城市价值方面具有极其重要的作用。三亚可以在以下几个方面重点突破：第一，建设国家农作物南繁育种科技创新服务支持体系，为南繁科研试验、生物安全保障及其产业化服务；第二，建设崖城创新创意基地，发展创新设计、电子信息、金融保险、现代物流等高端产业；第三，搭建热带海洋产业研究开发平台。

（3）卫生方面。要着力解决三个方面的问题：第一，健全农村服务体系，提高农村卫生服务水平，按标准配置15个农村卫生院；第二，大力发展社区卫生事业，完善城市社区卫生服务站；第三，提高城市整体卫生水平，建设与国际性热带滨海旅游城市相匹配的高级医疗、康复、救助中心。

特别注意的是，三亚市无论是教育、科技还是卫生事业，都要加强队伍建设，特别是专业性人才要有计划地培养和引进。

5. 城乡社会保障事业统筹发展。

按照党的十七大要求，政府要以"最低生活保障"、"基本养老保险"及"基本医疗保险"为重点，建立社会保障体系。

（1）最低生活保障水平：到 2013 年，三亚城市居民低保标准不得低于 410 元/月，农村居民低保标准不得低于 350 元/月，并要实现应保尽保。

（2）基本养老保险：到 2013 年，城镇职工及农村居民的基本养老保险覆盖率要分别达到 90% 和 60%（2006 年分别为 78.69% 和 3.6%）。

（3）基本医疗保险：城镇职工医疗保险覆盖率和农村居民新型合作医疗保险覆盖率均要达到 90% 以上（2006 年分别为 71.97% 和 98%）。

同时要在试点的基础上提高城镇居民基本医疗覆盖率。

6. 城乡旅游统筹布局。

三亚旅游景点及旅游配套项目在整个城乡区域分布，统筹城乡旅游是三亚城乡统筹的重点内容。要建立以城市为龙头的分级度假体系，形成网络，即城市滨海度假区、旅游文化名镇、乡村旅游。城市旅游业通过关联产业发展，对城乡就业及商贸、餐饮等行业发展发挥着重要作用。三亚四季常青，田园风光秀丽，热带作物特色显著，乡村旅游潜力大，统筹城乡发展可以丰富旅游活动，延长游客在三亚逗留的时间，有利于提升三亚城市的整体价值。打造槟榔乡村旅游和落笔洞文化旅游，有利于改善游客的动态布局，改变游客沿海相对集中布局，引导游客在全市均匀分布，带动三亚未来中心区域的商业、餐饮、房地产等产业发展。

7. 城乡文化统筹发展。

（1）三亚是旅游城市，文化是旅游的灵魂，三亚要把文化建设放在突出位置。文化是面向全社会的，必须统筹考虑。要按照先进文化的要求，积极挖掘传统的特色文化。"落笔洞文化"、"天涯文化"、"福寿文化"（福如东海，寿比南山）、"黎苗少数民族文化"、"海洋文化"、"生态文明"等都是三亚宝贵的精神财富。三亚文化丰富、多元、健康又富有时代性。

（2）要抓住文化大发展、大繁荣的有利时机，将旅游促销同文化宣传结合起来，形成丰富的文化精品，不断提升"六个一"工程及三亚旅游品牌活动的文化含量。

（3）加强城乡文化基础设施建设，在充分论证基础上，加快兴建群众艺术馆、青少年宫、三亚博物馆、乡镇文化站等文化基础设施。

（4）加快发展文化产业。加快建立三亚国际传媒中心，形成琼南地区影视、传媒、办公、制作、发布、交流中心；发展广播电视电影服务业及网络文化服务业等。

（5）三亚体育资源丰富，要培育三亚体育大赛品牌，促成一批国家级体育训练基地落户三亚。增加社区和农村体育设施，积极开展全民健身运动。

（以上可以简称为"城乡七大统筹"措施）

十一 创建五大环境

1. 实现"率先"、"领先"要求的政策环境。

（1）建立城乡统一的户籍登记制度。

（2）建立符合三亚实际的农用地流转机制及征用方式。

（3）形成社会保障及社会事业的财政均等化机制。

（4）建立城乡统一的基础设施建设投融资机制。

（5）建立旅游环境影响评价和环境审计制度。

（6）吸引国内外品牌旅行社直接落地三亚。

（7）出台创新创意及现代高端产业的扶持政策。

2. 实现城市价值提升的人才环境。

（1）对现有人才进行系统培训，对部分优秀人才进行高层次学历培训和出国培训。

（2）完善人才引进政策，放宽人才落户条件。

（3）对于重大项目或企事业单位急需人才，尊重支持企事业单位的引进政策。

（4）对在三亚工作的国外高端人才及在三亚投资的大投资商逐步探索实行"绿卡"制度。

3. 实现稳定发展的社会环境。

（1）以下三个方面对三亚的和谐稳定带来挑战：

一是三亚人口的增长，特别是流动人口的增加。二是城镇化进程加快，"村改居"带来的利益纠纷增加。三是社会经济事务趋向复杂化，大量高端游客消费示范效应导致部分社会成员心理不平衡，外来文化的引入碰撞，不同收入群体的聚居差距等引发的社会危机增加。

（2）三亚稳定环境的极端重要性。

一是游客对安全稳定的社会环境特别敏感，"人生地不熟"。二是政界商界文化界等要员在三亚的活动多。三是三亚区位独特，位于祖国最南端，是南中国的重要门户，战略地位显要。

（3）和谐稳定的基本保障。

在坚决维护群众利益，认真搞好群众工作，妥善处理人民群众内部矛盾和纠纷的同时，必须构建严密的防控体系。一是加强基层防控，进一步缩小防控单位，目前社区及自然村的区域单元不符合当前的管理服务要求。二是加强政法机关和队伍建设，实行"点""线""片""块""面"布局，建立健全基层警务室、派出所、公安分局等机构并实行联动机制，不断提高装备水平和政法队伍素质。三是按要求配备警力，按编制配足公安干警，并组建特警队。

4. 实现全面加速发展的投资环境。

投资环境有着广泛的内容和要求。三亚目前在投资软硬环境方面有了一定的基础。当前要突出解决下列两个问题：一是机关服务水平。机关服务水平是城市新的竞争力，要不断完善《三亚市关于改善投资环境的决定》《三亚市重点项目投资建设风险防范预警机制》等。二是金融服务水平。目前三亚境外投资不断增加，由于体制原因，外资进入三亚还存在不少障碍。

5. 实现可持续发展的生态环境。

三亚具有良好的生态环境基础,但随着社会经济的发展,生态保护的任务将越来越重。优越的生态环境是旅游城市的生命线,必须下大力气继续抓好生态建设。

(1) 林业生态保护。保持森林覆盖率在63%以上,要特别加强对原始森林、海防林、水源林等生态公益林的严格保护。加大湿地和红树林保护力度,继续做好退耕还林工作。

(2) 海洋生态环境保护。要加强海域、海滩的生态环境保护,对重要海湾要设立专门监测和管理机构。

(3) 严格控制农业面源污染。普及农业清洁生产技术和生物防治技术,尽量减少化肥农药的使用,改善农村人居环境。

(4) 实现城市及重要乡镇的"三废"综合治理。尽快完善污水处理和垃圾无害化处理系统,减少二氧化硫等废气排放。

(以上可简称为"五大环境建设")

十二 推进八大骨干工程

三亚统筹城乡全面建设小康社会需要一大批重大项目支撑。三亚近中期(2008—2012年)的重大项目以区域振兴的八大骨干工程为主体,共计160项,总投资约1300亿元,其中政府引导投资200亿元左右。八大骨干工程项目如下:

(1) 海棠湾国家海岸

(2) 崖城创新创意产业基地

(3) 鹿回头半岛及海上旅游

（4）绕城高速公路及其连接线

（5）公共服务中心

（6）中央商务区（CBD）

（7）槟榔村5A级乡村游

（8）落笔洞文化旅游

附录二 三亚科学发展实现历史跨越

继 2005 年和 2006 年之后，在 2007 年度市县经济和社会发展主要指标考核中，三亚综合得分再次位列第一。

在省委、省政府日前通报的 2007 年度市县经济和社会发展主要指标考核结果中，三亚市以 84.66 的分数高居第一，高出第二名 21.99 分之多，获得了唯一的一等奖荣誉。这是继 2005 年和 2006 年之后，三亚在此项考核上第三次夺标。

在 2007 年度的 16 项考核指标中，三亚有 9 项指标位列全省 18 个市县第一，包括：人均生产总值增长率和增长量、人均财政一般预算收入增长率和增长量，以及农民人均纯收入增长率和增长量、城镇居民人均可支配收入增长率和增长量；还有教育发展、社会保障、就业发展、卫生发展、文化建设等。这表明三亚在经济增长、发展惠及民生以及推动基本公共服务方面走在了全省 18 个市县的前列。

科学发展实现历史跨越。省委常委、三亚市委书记江泽林表示：2007 年，依靠大项目带动，通过产业布局调整，三亚注重社会发展和做好城乡统筹，全市向"率先实现全面小康、领先消除城乡二元经济"目标迈进，在科学发展的道路上实现了又好又快。

极力争取大项目带动大发展

"大企业进入，大项目带动，高科技支撑。"全省"两大一高"战略在2007年的三亚有着完美的诠释。这一年，省政府正式批准将海棠湾总体定位为"国家海岸"国际休闲度假区，赋予了海棠湾国际休闲度假、世界旅游度假天堂、多元化热带滨海旅游休闲度假，以及国家海洋科研、教育、博览等综合功能。

原本寂寥无声的海棠湾开始进入了前期开发，征地补偿、园区建设、道路建设等相继启动。

从"国家海岸"的规划远景到未来超五星级的中国酒店群，从园区土地一次次天价的拍卖到10多家国内外大财团的进驻，得天独厚的海棠湾，当之无愧地成为三亚城市项目开发最令人瞩目的焦点。

2007年，三亚通过制定政策，保证大项目有条不紊推进，实施"一会五库"制度（即：市委财经领导小组会议或市城市规划委员会、项目储备库、规划设计单位名库、专家名库、招标代理单位名库、代建单位名库），积极推行项目预警机制，有效推进重点项目建设，投资进度不断加快，城市发展进入快车道。

2007年，鹿回头海景大道、丽思卡尔顿酒店、亚龙湾美爵度假酒店、三亚市智能交通及治安监控系统工程等项目基本或部分建成，三亚湾新城、凤凰国际水城、时代海岸、太阳湾高级度假区、新佳旅业鹿回头项目、鹿回头爱地、三亚悦榕庄、山水天域、临春山水国际村和南山货运港一期等项目建设顺利推进。

2007年的三亚人有理由自豪：秉承着极力争取"引进大企业，发展大项目"的发展思路，这一年，三亚人均生产总值增长率和增长量全省第一、人均财政一般预算收入增长率和增长量全省第一。

统筹城乡　一体化模式率先垂范

在统筹城乡发展、坚持城乡一体化的发展路径上，三亚"率先实现全面小康、领先消除城乡二元经济"的发展战略在2007年强势推进，无论是城镇居民还是农民群众，得到的是实实在在的实惠。三亚，为全省市县经济和社会的发展创出了范本、走出了新路。

与旅游的"名声在外"相比，一度被称为三亚"短腿"的教育业2007年突飞猛进。这一年，全市义务教育阶段的学生除上学不交学杂费、教科书费以外，农村中小学生还可以获得寄宿生活费补助；上不了高中的初中学子可以走进窗明几净的技工学校；三亚本地的大学——三亚学院、三亚航空旅游学院、琼州学院开始成为全市诸多高中毕业生喜爱的选择。

不仅仅是教育，卫生、就业、社会保障事业也获得骄人成绩。这一年，全市完成了乡镇卫生院病房，首个传染病区项目投入使用；这一年，全市新增 2 万个就业岗位，转移农村富余劳动力 1.5 万人；这一年，低保网络已覆盖全市两区六镇以及农场，全市农民参加新农合率飚至 98%。统计显示，2007 年三亚农民人均纯收入 4376 元，农村消费品零售额 8.07 亿元。枯燥数据的背后是生动的发展图景，三亚的新农村建设成绩斐然，连片而建的文明生态村里，农民群众徜徉在椰风海韵中，尽享新生活的美好。

科学发展"和谐三亚"独领风骚

既要"金山银山"，也要"绿水青山"。在经济发展的同时，三亚坚持生态和谐协调，走可持续发展之道。在 2007 年市县经济和社会发展主要指标考核中，三亚还有两项指标位列全省第二：万元生产总值能耗指标、污染物减排指标。拆除耗能大户华盛水泥老厂，开工建设红沙污水处理厂，启动亚龙湾区域集中供冷项目等。

2007 年，三亚不仅仅策划节能减排大手笔，还推出"制度保障"新措施，出台了《三亚市节能减排综合性工作方案》。统计显示，2007 年三亚万元 GDP 能耗为 0.82 吨标准煤，比上年降低 9.5%；城市生活废水处理率 70%，比上年提高 5 个百分点；工业废水排放达标率达到 80%，比上年提高 10 个百分点。

2007年,三亚旅游业捷报频传:南山、大小洞天旅游区成为首批国家5A级旅游景区;凯宾斯基等一批度假酒店投入试营业;凤凰机场国际航站楼项目建成正式运营,旅客吞吐量已突破500万人次……全年仅旅游收入一项就达80.11亿元,同比增长22.5%。其中,旅游外汇收入2.44亿美元,同比增长43%。

新兴的文化产业亮点频现,文化体制改革取得实质性进展。2007年,三亚先后举办了世界先生总决赛、第57届世界小姐总决赛、新丝路模特大赛等重大文化节庆赛事活动,为文化产业发展创造了良好的氛围。此外,三亚还推动"六个一"文化工程顺利推进,先后推出大型演艺"火凤凰"和"浪漫天涯"。

省委常委、三亚市委书记江泽林表示:在科学发展观的指引下,三亚的经济和社会发展写就了"连中三元"的华彩乐章。在全面建设小康社会中,我们将继续坚持城乡统筹发展,在全省"率先实现全面小康、领先消除城乡二元经济",努力将三亚建设成为旅游度假胜地、天涯文化源地、创新创意高地。

《海南日报》2008年12月24日

(记者 郭景水 柏彬)

附录三　三亚市获得市县经济和社会发展指标考核"四连冠"纪实

极目海角舒心事，最是天涯浪飞舟。

在实践科学发展观活动中，三亚市坚持不懈努力探索，闯出一条特色鲜明的发展之路。在刚刚公布的2008年海南市县经济和社会发展指标考核中，以81.19分的总分名列第一，实现了了不起的"四连冠"。

4次勇夺第一的背后，写满这座中国唯一热带滨海旅游城市的坚韧与执着。

做大经济，夯实飞跃发展基石

发展这个硬道理始终是考量一个地方党政班子的重要指标。

三亚坚守"国际性热带滨海旅游城市"的定位，坚持以旅游业为龙头，现代农业、海洋产业、创新创意产业、商贸业、房地产业、文化产业等六业为支撑，构建起多业发展的态势。

　　旅游业，是三亚最为动人心弦的发展主旋律。10 年前，三亚率先走出去促销旅游，到最近几年，每年投入 2000 多万元，到国内各大城市和欧洲拓展高端客源市场，城市的知名度和美誉度节节攀升；从新丝路模特大赛到世界小姐总决赛，从百年电影节到奥运火炬首传，从欧美高尔夫球巡回赛到国际沙滩排球赛……一项项重大赛事活动，让三亚不断带给世人惊喜；一座座顶级酒店建成迎宾，一个个国际品牌酒店进驻，构成三亚旅游国际化最炫目的元素。依旅游而兴，2005 年，三亚凤凰国际机场进出港人数为 300 万，2008 年就实现了翻番，今年则有望达到 800 万人次。如此大比例的增长，实在是一个奇迹。

　　坚持以重大项目为抓手实现投资快速增长，是三亚做大经济的重要手段。从西海岸线的崖城中心渔港，到东海岸线的"国家海岸"海棠湾；从绕城高速公路，到一系列市政基础设施与旧城改造；从三亚湾新城，到鹿回头半岛；从水电气改造，到城乡公共服务设施普及，项目建设热火朝天。值得一提的是，年底前，总投资约 8 亿元的崖城中心渔港在北仑河口开工，现位于三亚河口处的渔港，将逐渐退役让位于以邮轮和游艇为主的客运港，无论对做大城市经济，还是拉开城市骨架，崖城中心渔港均具有重要意义。2007 年三亚全社会固定资产投资达到 109.71 亿元，首次突破百亿元大关。今年前 11 个月，已完成投资近 188 亿元。

三亚市还出台"关于改善投资环境的决定"、"关于进一步扶持非公有制经济发展的意见"、"经济和社会发展目标管理任务和责任分解表"、"保增长保民生21条"等重要文件，保障发展，促进发展。

最近几年，三亚经济不断提速。2005年，地方财政一般预算收入7.2亿元；2007年，实现翻番达到15.6亿元；今年则有望实现31亿元，增长近四成。

4年来，尽管省里考核指标不断增加不断完善，但三亚市的人均生产总值、人均财政一般预算收入等经济类单项指标均列第一。

做活农村，探索统筹发展模式

三亚市农村面积占84.7%，农村人口占51%。与城市的跨越式发展合拍，三亚农村坚持循着统筹城乡的规划一路前行。

统筹城乡发展，不是简单的城市帮助乡村，而是要实现多层次的城乡互动，培育农村"造血"功能。从槟榔村建设5A级国际乡村旅游区，到培育田独镇千亩兰花基地……诸如三亚新农村发展新模式，都是"政府引导、企业进驻、百姓参与"多方协作、通力合作的结果。

从发展乡村游，到现代都市观光农业；从开办农家乐，到合股办温泉旅游项目……农村分散的土地集中起来，农民分散的人力聚合起来，新农村的发展有了别样的张力和活力。数百万游客有了新的旅游体验项目，农民也实现了就地转移就业。

城入乡，乡融城。在旅游项目城乡一体化的带动下，道路、供水、供气、垃圾处理、污水处理等设施向农村延伸。千百年来农民"日出而作、日落而息"的生活方式，开始接轨现代都市，共顶一片文明的天空，共享一份发展的成果。

最近几年，三亚全市已经累计投资9亿多元，建设乡村公路676条，里程达到1200多公里。全市所有村民小组都实现了村道硬板化建设，曾经功能单一的村两委办公室，如今变身为村庄的多功能中心，卫生室、乡村大舞台、文化广场、篮球场等一应俱全。在多功能中心看一场戏、打一场球、跳一支舞，体验城里人才有的休闲项目。农民的生活越发惬意。

"像工人一样上班，像市民一样休闲"。三亚农民还享受到了像城市居民一样的社会保障待遇，体验城乡均等的公共服务。在普遍实行新型农村合作医疗保险的基础上，今年8月，三亚整合城镇居民基本医疗保险和新型农村合作医疗，城市居民和乡村农民共享城乡一体的医疗保险体系。

进城的农民可以获得免费的培训和职业教育。三亚市就业技能培训中心面向三亚的农村青年开办了免费的电脑、厨师、宾馆服务等培训班，培训后可以到宾馆工作，转移就业率达到80%以上。在三亚中等职业技术学校，三亚本地的农村学生可以免费就读，每人每年还可以获得3980元的补贴。

在社会类的单项指标考核中，社会保障、就业发展、卫生发展等，三亚均名列第一。在城乡互动、城乡融合、城乡均等的统筹城乡的发展思路下，三亚坚持不懈，力争在全省"领先消除城乡二元结构、率先实现全面小康社会"，成为全省统筹城乡发展的先行示范区。

做精文化，提升居民幸福指数

自 2005 年以来，三亚在文化建设上的投入始终位居全省市县的前列。从 2007 年开始，三亚启动实施"六个一工程"：一张城市名片、一首歌、一本书、一部电影、一部风光片、一台演艺。

旅游业的蓬勃发展，为文化呈现了丰富的创作空间。"六个一工程"激发起了民间的极大热忱，从 20 多个国家和地区的 150 多万张选票中，评选出三亚城市名片——美丽三亚，浪漫天涯。英文名片"永远的热带天堂——三亚"也同时叫响。2008 年 10 月，三亚也首次评选出城市精神——极力争取。亮出城市名片，提炼城市精神。

三亚积极发展本土高等教育，构建文化梯队人才。最近四五年，三亚的高等教育"忽如一夜春风来"，2005 年秋季，海南大学三亚学院、三亚航空旅游职业学院同时开始招生。短短几年间，大学在校生已接近 4 万人。"三亚大学生"已经成为三亚文化的新品牌、播种机、宣传队。

文化人才的梯队建设还在继续升级跃迁。2008 年秋季，琼州学院开始南迁三亚；今年秋季，琼州学院行政校区搬迁三亚，三亚理工职业学院开始首届招生。曾经偏远的荔枝沟正在成为三亚的大学城，成为三亚新的文化源点。

大学代表着一座城市的精神文化气质。蓬勃发展的高等教育，丰富着三亚曾经略显寂寥的精神文化气质。流放官宦曾在此感叹"独上江亭望帝京，鸟飞犹是半年程"，述说天涯海角曾经的悠远荒芜。如今的文化大家，面对着美丽三亚，则是一连声"极目海角舒心事，最是天涯浪飞舟"的妙词佳句。

三亚的美景如诗如画，三亚的文化丰富多元。从鹿回头传说，到落笔洞中一万年前的"三亚人"；从"此去崖城更无城"的崖州古城，到挺起"南天一柱"的天涯海角，无不彰显着三亚深厚的文化底蕴。

如今，三亚美丽之冠——曾经的世姐秀场，《浪漫天涯》大型舞蹈让游客感受韵味悠远的海洋童话；国家级非物质文化遗产崖州民歌声声入耳，仿佛穿越了百年时空；国家级非物质文化遗产传承人黄家近跳起了打柴舞，步履轻盈，似乎年轻了经年岁月。

也因此，在教育发展与文化建设的单项考核中，省里也给三亚打出了高分。

做优环境，奠定可持续发展动力

三亚吃的是"环境饭"，因而对万元生产总值能耗、国土环境资源保护、污染物排放等指标极为苛刻。

2007年8月29日，冒烟31年的三亚华盛天涯水泥厂被爆破拆除。三亚因此每年减少了近2000万元的税收，但市区的粉尘排放量减少了80%。眼下，位于抱坡岭的立窑水泥厂也正在拆除。非常规的举动，来自决策者的非凡魄力。三亚刮骨疗毒式的狠招，保护了良好的生态环境。

"保住了青山绿水，就是保住了三亚的生命线。"在三亚市第五次党代会上，省委常委、三亚市委书记江泽林指出："在城市规划建设中，一定要坚持环境优先的原则，坚决不做损害环境的事情，坚决不上污染环境、破坏资源的项目，坚决不搞低水平的无序开发。"

不仅仅是拆除污染大户，三亚市还积极构建长效机制：建设海防林体系再造海疆"绿色屏障"、改造升级红沙污水处理厂、新建数座市区污水处理厂、新建生活垃圾卫生填埋场、建立长效机制全面强化三亚海湾管理、加大野生动植物资源的保护力度、规划建设乡镇垃圾中转站……

2008年，三亚出让的土地仅占全省的25%，产生的土地收益金却占全省的51%。持之以恒的整治，三亚更加迷人，更加妩媚。

三亚城区更加干净整洁。今年10月，三亚成为海南第一个国家卫生城市。从"十里槟榔河，黎乡尽徜徉"的槟榔村，到"千古天涯路，农家今开怀"的文门村，三亚的文明生态村里，紫兰花入院，农家菜飘香，别有一番景致。

三亚大气质量、海洋水质等环境指标始终保持国际一流水平，每年空气质量为优的天数达到320多天，获得中国人居环境奖。土地资源的节约利用，也为可持续发展备足后劲。

三亚正坚持科学发展观，以优雅的姿态享誉世界，以高雅的气度，继续创造经济和社会发展的新奇迹。

《海南日报》2009年12月30日

（记者 吴钟斌 郭景水）

附录四　三亚经济社会指标"五连冠"背后的成长脉络

全省市县经济和社会发展指标考核，三亚连续5年排名第一。

三亚"五连冠"背后的成长脉络

2005年第一，2006年第一，2007年第一，2008年第一。在刚刚公布的2009年全省18个市县经济和社会发展指标考核中，三亚以83.63分的总分，再次名列第一。

慢慢剥开生硬的数字，细细梳理城市的脉络，不难发现——三亚这座中国唯一的热带滨海旅游城市，坚守独特的城市风格与发展之路，不懈探索，不断创造新的辉煌，征程更加坚定与执着。

经济大发展，东南西北齐头并进

过去的五年，是三亚经济发展的"黄金期"。全市国内生产总值从2005年的66亿多元，增加到2009年的173亿多元，年均递增近18%，今年预计可达220亿元，是2005年的3倍！有人如此形容：五六年时间建设了3个三亚。

三亚的知名度与美誉度与日俱增，慕名而来的国内外投资商踏破铁鞋也要进入三亚，一批重大项目不断上马。2005年，三亚全社会固定资产投资不到50亿元，2009增加到211亿元，年均递增44.2%。今年有望达到300亿元，是2005年的6倍！

走一走，看一看，就能发现——三亚已跃入一个快速大发展的科学通道。

东部，10家超五星级酒店于去年5月同一天动工，这可以在世界高星级酒店建设史上留下一笔。

西部，一个新型的创业基地正在快马加鞭的建设中。三亚创意产业园借鉴海棠湾开发的成功模式，组建专门的管委会，成功引进中兴、海云天等一批通讯类、IT类、科研类企业入驻。

南部，曾经一片荒芜的鹿回头半岛已旧貌换新颜，一幢幢高档住宅区拔地而起，一座座高星级酒店落成开张，一家家会所喜迎四海宾朋。

北部，曾经寂寞寥落的落笔洞区域也热闹非凡。一所所高校在此相继建成，数万名莘莘学子求学天涯，这里便是三亚的大学城。

海域，私家游艇激荡起蔚蓝的南海碧波，万里航程的国际邮轮载来八方来客。

凤凰国际机场是三亚经济大发展的最有说服力的缩影，无论白天还是黑夜，这里总是人声鼎沸。2009年，从这里进出的游客量为795万人次，今年有望超900万人次，是2005年的3倍！一个常住人口只有五六十万人的小城市，却拥有全国排名前20位的机场。

这些，都实实在在地记录着这座城市的变迁与发展路径。

民生大融合，行行业业分享成果

老百姓的生活，天天与衣食住行相关。

今年6月29日，三亚迎宾路与荔枝沟路交叉处的"同心家园"小区迎来了特别的一天。三亚市政府在这里建的廉租房，迎来了首批新住户。三亚市保障办负责人说，2009年，三亚已完成了廉租房建设的三年任务，总共2469套。今年保障性住房建设同比进度为9910套，是省政府下达任务的172%。

公共财政的阳光照进越来越多普通老百姓的心房。工资涨、收入增，可能是三亚所有居民今年印象最深的一件事。五年来，城市和农村居民的低保标准不断提高，今年分别达到每月530元和395元。今年，三亚财政就在全省率先拨出巨资，直补各类居民，仅农民每人就直补320元。从2009年5月起，两区六镇的失地农民，每人每月领取400元养老金。

记者从三亚市财政局获悉，在全市所有行业的人口中，收入增长最快的是教师，今年人均年收入达到5.5万元，是2005年的3倍。

解决看病难、看病贵问题，也是一项事关幸福指数的民生工程。去年，三亚安排2416万元建设了15个社区公共卫生服务中心、卫生站和农村卫生院，构建完善农民"小病不出村"的卫生格局。市人民医院改扩建项目一期、市中医院的整体搬迁、市疾病预防控制中心改造等医疗项目，三亚财政总共投资了4.9亿元。

一个史无前例的医疗民生项目更值得期待。投资30多亿元的解放军总医院海南分院创造了海南同类项目的历史，项目已完成了主体结构封顶。

除了这些看得见、摸得着的实惠，三亚还在百年大计上下狠功夫。2006年以前，位于三亚的海南省海洋学校、三亚市职业中专学校与海南三亚技工学校三所职业学校办学规模小，师资力量非常薄弱，三个学校的在校生共计数百人。三亚推动三所学校实现合并，组建新的三亚技工学校。

如今，三亚的高校与职业学校在校生总人数已近4.5万人次。这个人数，是2005年的16倍多，三亚"高校+职校"的高等教育格局已初步形成。

环保大改善，绿水青山发展大计

节能减排与生态环境建设是落实科学发展观的重要内容。

省委常委、三亚市委书记江泽林日前在接受记者采访时说，"抓生态建设就是抓经济，保住了青山绿水，就是保住了三亚的生命线。"

2008年，三亚以巨大的勇气，拆除搬迁了市内最大的污染源——三亚天涯水泥厂。此举，一下子就减少了每年影响市区近千吨的二氧化硫和烟粉尘。

2009年，在历经了17年创卫的不懈创卫努力后，三亚荣膺"国家卫生城市"称号。

2010年，三亚进一步完善海防林体系再造海疆"绿色屏障"、改造升级红沙污水处理厂、新建数座市区污水处理厂、新建生活垃圾卫生填埋场、规划建设乡镇垃圾中转站。

在省委、省政府的此次考核中，三亚的节能降耗、污染物排放两项指标，均居18个市县之首。根据省政府下达的指标，三亚万元GDP能耗必须从2005年的0.9156吨标准煤，降至2010年的0.8324吨。但到去年，三亚已拿出了0.7797吨标准煤的成绩。

这样的数据清晰地表明，三亚已走出一条"无污染、无公害、低消耗"的低碳经济发展之路。

文化大繁荣，三大品牌合力出击

旅游产业要获得更大发展，只有靠文化。一座城市要增加品位，只有靠文化。

近五六年时间里，三亚倾心构筑起的城市名片、城市精神、天涯文化这三大"文化品牌"，已彰显出独特的城市魅力，成为向国际旅游城市昂首迈进的强大催化剂。

2007年初，三亚从上百万征稿中海选出"美丽三亚 浪漫天涯"的中文名片和"Forever Tropical Paradise – Sanya（永远的热带天堂—三亚）"的英文名片。这两张名片是对三亚的极好诠释，既反映了三亚的自然、人文、历史与现实，又代表三亚的形象、气质和品格。

城市精神是城市的灵魂。三亚的发展催生了"极力争取"的城市精神，又推动着三亚的发展。这是城市发展的内在要求，是城市文明不断提升的必然产物。

三亚的文化源远流长、内涵丰厚，融落笔洞文化、凤凰文化、黎苗文化、情爱文化、儒家文化、福寿文化、海洋文化、时尚文化于一体，并与"天涯海角"这一中国陆地最南端的极地景观和意向相结合，形成了中国唯一、别具一格的"天涯文化"。

不久前，三亚在全省率先推出国际旅游形象标识。这一特定的文化符号，是三大文化品牌的一次重要落地，正通过飞机、酒店、旅游车辆、游艇等载体，传播给千千万万游客。

政府强劲助推文化发展，也极大地催发了民间的热情。世界小姐总决赛、天涯海角国际婚庆节、新丝路模特大赛、国际广告艺术节、世界沙滩排球巡回赛等国内外赛事纷纷落户三亚。

三亚创意新城、南中国海影视文化生态园、南山文化旅游区、大小洞天、天涯海角等已列入海南首批11个重点文化产业园区（项目），这为三亚文化发展提供了坚实的现实基础。

骨架大拓展，山海相连指状生长

在"十一五"即将结束、"十二五"即将到来的 2010 年，三亚站在一个更高的起点，谋划着未来。

根据统筹城乡发展与国际旅游岛建设的新要求、新使命，三亚历经数年编制的《三亚市城市总体规划（2008—2020）》不久前通过了专家评审和省规委会的审批。而且，三亚总规上升为"国家战略"——国务院规定，三亚城市总规须由国务院审批。

三亚市委负责人认为，新总规象征着三亚未来城市建设大幕已徐徐拉开。

纸上的新总规如何保证使命顺利实施，才能暗合经济发展的需求？专家们提出了"山海相连，指状生长"的空间结构理念，以改变传统"滨海一层皮"的发展模式，滨海地区和内陆腹地兼顾。

改变"滨海一层皮"的重大项目就是三亚绕城高速公路及其连接线。这条将海南东、西线高速公路从市区外连接起来的重大工程项目，大大地做厚了三亚城区，使得三亚多年梦寐以求的"北扩"成为现实。这也意味着，围绕城市发展目标，一系列的民生事项的落地也能找到法定依据。

统计表明，2005 年，三亚的城镇化率为 47.3%，2009 年上升到 54.5%，今年又增加了二个百分点。研究者认为，三亚的发展，实际上是一种具有自身特色的、先行试验的、新型的城镇发展模式,即以旅游业为龙头,"以城带乡、以旅促农、城乡互动、协调发展"的发展模式。三亚的这种发展模式,有别于多数城市以工业化带动城镇化的发展模式,是具有开创性的专业化旅游城市发展道路。

《海南日报》2010年12月16日

(记者 吴钟斌 郭景水)

附录五　三亚经济和社会发展指标考核全省"六连冠"启示录

极目天舒望海角，一路天涯一路歌

80.87。这是刚公布的2010年海南省18个市县经济和社会发展指标考核得分，三亚第一。

2009年，第一名。2008年，第一名。2007年，第一名。2006年，第一名。2005年，第一名。过去六年间，尽管省里考核的指标不断增加，考核方式也不断变化，但三亚在海南的"年度大考"中，实现了一个奇迹——年年冠军。可以说，一个市县，完整地实现超过一个五年规划期的"六连冠"。这在海南历史上是唯一的，在全国各省市区中也不多见。

几年时间的拼搏，三亚已然在全国占据了一个城市竞争高点，由此实现了漂亮的城市升级和城市价值倍增。"十二五"已开启，站在新起点上翻看三亚的历程，发现一个城市的成长轨迹与发展脉络，是如此清晰。

黄金印记：串串城市故事堪称精彩纷呈

几年过去了，仍有诸多记忆值得细细品味。三亚抓住历史给予的种种瞬间和机遇，留下厚重的一笔"黄金记忆"。

2005年，三亚实现了一个巨大的历史跨越。当年地方财政收入突破了7亿元，实收创历史新高，增长速度最快，经济运行质量尤佳。公共财政从此得以从"吃饭型"向"建设型"转变。

一年后，三亚市委启动了为期三个月的六大调研活动，进一步厘清了发展思路：在坚持"国际旅游城"这条主线的同时，实施高端战略，提升城市价值，统筹城乡发展，努力把三亚建设成为旅游度假胜地、创新创意高地、天涯文化源地。

这成为贯穿"十一五"始终的三亚发展思路和战略。

2006年——征集城市名片。持续7个月时间，三亚向海内外征集到150余万条名片信息，是最具影响力的文化活动之一。"Forever Tropical Paradise – Sanya"、"美丽三亚，浪漫天涯"、两张中英文城市名片从此叫响大江南北。

2007年——爆破天涯水泥厂。邻近市区的华盛天涯水泥厂7座大型水泥罐同时爆破拆除，得以消除持续几十年的三亚空气质量的"头号杀手"。

2008年——首传奥运火炬。大批全国范围内筛选出的精英成为百年奥运中国内地首传的火炬手，盛况空前。三亚又一次成就了不可磨灭的历史记忆。

2009年——创建国家卫生城市。17年磨一剑，三亚为海南举起了全省首个"国家卫生城市"的牌匾，填补了海南这个全国最大的经济特区的历史空白。

2010年——制定城市新总规。肩负统筹城乡发展与国际旅游岛建设的新要求、新使命，历经数年编制的《三亚市城市总体规划（2008—2020）》通过了专家评审和省规委会的审批。"山海相连，指状生长"的城市空间结构设计理念，被称为三亚未来城市建设大纲，肩负起了三亚城市建设历史重任。

三亚过去几年的黄金印记何止这些。最美国事活动、率先实施城乡统筹战略、强力推进国家海岸开发建设、定位"极力争取"城市精神、建设三亚职业技术学校、率先发放市民补贴、极力化解出租车罢运事件……

透过这些印记，我们发现这是一个精彩的城市故事。无论是公共活动、文化创建，还是城市管理，发展与民生永远是这个滨海城市故事的主线。

经济飞跃：年年经济发展夯下坚实基础

三亚市统计局局长张利以"黄金时期"来形容这段时间。尤其是"十一五"期间，三亚打下了经济腾飞的坚实基础。

2005年，三亚全市国内生产总值为66亿多元，打开了一个经济快速发展的科学通道。"十一五"开局之年的2006年，首次突破百亿元。2010年，这个数字接近231亿元，"十一五"末是"十一五"初的3.5倍。"守着黄金资源的三亚，打了一个漂亮的翻身仗，彻底摆脱了吃饭财政的困局。"三亚多名局长在接受海南日报记者采访时说。

整资源，造环境，引凤凰。三亚实施政府主导型开发战略，引来大批国内外投资商。三亚市发改委负责人说，随着三亚的知名度与美誉度与日俱增，三亚市委、市政府接连出台一系列保障措施优化投资环境，慕名而来的国内外投资商踏破铁鞋也要进入三亚，一批重大项目不断上马。

统计数字显示，2005年，三亚的固定资产投资总额为48.9亿元，2010年达到305.2亿元，六年间增长了6倍多。仅"十一五"的五年间，就累计完成了844.2亿元。

900亿元资金从全国、全世界各地涌入三亚投资置业，极大地改变了三亚的城市面貌。三亚从曾经的羞涩渔家少女，一步步成为亭亭玉立的美丽姑娘。

如今，三亚的城区面积已经扩大到约30平方公里，城市骨架大大拉伸。借助优美的生态环境和蓬勃发展的旅游产业，三亚旅游房地产积极健康发展。文华东方、洲际、地中海俱乐部、万豪、丽思卡尔顿、悦榕桩、希尔顿、喜来登等世界著名酒店品牌纷纷进驻三亚。如今，星级酒店及待评星级酒店180多家，堪称中国酒店最密集的城市之一，也是中国常住居民人均拥有酒店客房量最多的城市之一。

现代农业、海洋产业、创新创意产业等产业格局，与旅游业一起构建起三亚多业发展的良好态势。与东部海棠湾"国家海岸"里正在崛起的星级酒店群并驾齐驱，西部崖洲湾的创意产业园里，一批批顶级的通讯类、IT类、科研类企业也纷纷进驻，西部崛起指日可待。

凤凰国际机场是三亚经济飞跃最有说服力的缩影。2005年，从这里进出的游客量为306万人次，2010年接近930万人次，增长了3倍多。三亚，奇迹般地跻身全国20大机场之一。

另一个缩影是：五六年间，三亚的城镇化水平从47%提高到了65%，是全国平均水平的近4倍。最近的第六次人口普查表明，全市居住在城镇的人口占总人口的66.2%，三亚正处于"人口红利期"。

一个只有68万多常住人口的城市，三亚切切实实地创造了一个奇迹。这些都已深深地镌刻在天涯海角，成为这座滨海城市发展史上的一个弥足珍贵的见证。

文化繁荣：部部文化大戏铸就三大品牌

一座城市如果没有文化铺垫，无异于漂在水面上的浮萍；一种发展一旦没有文化支撑，就好比没有根基的大厦。发展理念、空间形态、文化建设，被列为城市发展的三大核心要素。三亚三者并重齐抓，将文化建设提高到新的高度。

2006年，三亚被确定为海南省首批文化体制改革试点城市。也是从这时开始，一场令人荡气回肠、异彩纷呈的文化大戏也渐次拉开大幕。

从世界小姐总决赛，到北京奥运火炬首传；从征集城市名片，到评选城市精神；从群众性小舞台，到定址的演艺演出；

从创意产业园,到国家海岸主题公园;从广场红歌会,到社区电影院;从体育中心,到奥林匹克广场;从黎苗三月三活动,到国际电视广告艺术节;从纯民间的少数民族演艺队,到登上央视的专业艺术团……

三亚多部文化大戏在全省乃至全国都属首创,引领了文化的潮流,成为琼州大地的历史绝唱。

三亚不断摸索,改变单纯的靠政府输血办文化,初步营造出社会造血的文化再生机制。一个由"办文化"向"管文化"转变的管理体系已初步形成。

为鼓励民营资本对三亚文化产业的推动,三亚出台了《关于加快文化产业发展的决定》,市财政每年安排一定的专项资金作为文化产业引导资金,用于重点文化产业项目的开发与运营。同时,《三亚市文化发展战略规划》也编制完成,《三亚市关于深化文化体制改革加快文化发展总体方案》也运转起来。

"抓文化发展,就是抓经济建设。"这是三亚市委、市政府领导经常说的一句话。三亚把文化体制改革和推动文化产业发展列为"一把手工程"。2006年,三亚文化产业增加值为3.37亿元,占全市GDP的3.3%。2010年,已增长到10.4亿元,GDP占比增加到4.7%。

党政的、国企的、民间的、民营的,多部门多单位多轮齐上,搅活了三亚文化的一池春水。正是这种强力推动,成就了三亚文化发展的璀璨。文化惠民,让群众享受到了更多的文化福利。

短短几年时间，三亚成功地在被称为文化沙漠的地方，创造了三个响当当的文化品牌："美丽三亚浪漫天涯"的城市名片、"极力争取"的城市精神、"天涯文化"的地域标签。这三个品牌，随着各个载体的广泛传播，助力美丽三亚搭上了文化的翅膀。

如今，三亚已培育出《海棠秀》、《美丽之冠》两场定址的常年演艺，成为中外游客夜间品读这座旅游城市别样风情的最佳去处。此外，另二台定址演艺也在推进中。

三亚的"文化野心"还不止这些。未来五年三亚文体事业将再投入16亿多元，力争打造出一些具有民族特色的文化精品，提升旅游城市的质量和品位。到2015年，争取实现文化产业增长值占GDP15%。

三亚的文化春天已悄然来临。

民生融合：招招连环组合提升幸福指数

有了坚实的财政基础，三亚的民生事业也获得极大发展。

民生提升，一个重要方面体现在公共财政投入上。三亚市财政局对人均一般预算收入、教育发展、社会保障、卫生发展、文化建设、科技进步等进行过一项专门统计，均呈较大比例增长。

2005年，公共财政的教育支出为17806万元，每名学生人均2004元。2010年，这两项分别达到83720万元和7035元。也就是说，六年间教育总支出和生均支出分别增长了4.7倍和

3.5倍。

社会保障支出，2005年全市城市与农村的最低生活保障金支出2930万元。2010年，城乡居民低保支出金额为7178万元，增长了2.5倍。

卫生事业支出，2005年全市卫生事业费支出5405万元，人均119元。2010年，全市全年卫生事业费支出29993万元，人均612元。这两项，均分别增加了5倍多。

食住行、医教保，构成居民日常生活最常见的细节内容。这些数字的背后，是实实在在的居民生活幸福指数的提升。几年来，三亚打出了一系列漂亮的民生组合拳，软硬件均获得较大提升与改善，日渐成为市民的幸福家园、游客的度假天堂。三亚市财政局局长周高明说，这是三亚历史上财政收入增加、民生项目支出最快的时期。

于是，市属医院获得了大规模改造提升，老弱病残的小型职业学校整合成了一所琼南最大的职业学校，山区孩子实现了免费读书的梦想，市民拥有了大型公开体育场所，农村卫生院与卫生站构建起了完善的"小病不出村"的格局，偏远地区的村民乘坐上了公共交通进城购物娱乐，城市和农村居民拿到了财政直补……

一个与老百姓幸福指数关连度最高的民生工程也在"十一五"期间获得突破性进展——系列"同心家园"保障性住房建设项目的开工、竣工和交付使用，让一大批住不起房或者住房困难户看到了希望，提振了信心。

2008年11月，"同心家园"一期开建，建设规模为8栋住宅1376套房。如今，第十三期"同心家园"已开建。一个个位置优越、交通便利、配套完善的保障房项目布局在城区各处。

这项已跨两个五年规划的工程被称为三亚"一号民生工程"。于不断高企的三亚房价，尤其具有特别的意义，承载着太多的希望。

三亚责任：步步推进辐射琼南地区发展

事实上，三亚崛起并不仅仅局限于三亚范围之内，也形成海南南部的一个增长核，一定程度影响并带动着琼南的共同发展。

省统计局将海南省划分为东部（沿海的6市县）、中部（不沿海的6市县）西部（沿海的6市县）三大区域。但民间更多将与三亚邻近且人员往来频繁、经济交往密切的五指山、保亭、陵水、乐东共五个市县习惯说成"琼南"。历年的全省各市县经济和社会发展年度考核，海南南部几个市县均得分较高。

2010年也一样。在18个市县中，琼南的保亭、陵水、五指山三个市县得分高于全省平均水平，均被授予三等奖。

这种带动与影响，在很多企业身上找到了验证。每年的国内外促销，陵水猴岛、保亭槟榔谷与呀喏达等景区景点都会主动搭顺风车，三亚来者不拒。

更多酒店、景区、地产企业在推广时甚至界定为三亚的企业。于是，经常在各类报刊杂志上看到"三亚清水湾"（清水湾在陵水）、"三亚龙沐湾"（龙沐湾在乐东）、"三亚保亭"、三亚槟榔谷（槟榔谷在保亭）、三亚土福湾（土福湾在陵水）等等。最具典型意义的是，三亚相当多旅行社在推介三亚一日游时，将周边市县的景区景点归于其中。

中规院一位分析师在作三亚区域经济研究时认为，"这种被'傍'的现象很有趣，甚至远在东北的长白山、伊春的城市推广也'傍'上了三亚，只能说明三亚的知名度越来越高，魅力越来越大，'傍'上三亚后能带来事半功倍的效果"。

历史长河中，五六年只是一个瞬间。斗转星移间，我们看到了一个滨海城市的巨大蜕变，一个初具规模的国际旅游名城的强劲崛起。时任三亚市委书记江泽林曾这样撰文描述"十一五"期间在三亚的工作经历："那是一个难得的机遇期，那是全市干部群众奋力开拓的结果，那是一段令人难忘、激情澎湃的岁月。"

副省长、三亚市委书记姜斯宪在三亚今年的"两会"上表示，三亚"十一五"期间的发展突飞猛进，而且发展质量也较高，发展势头十分旺盛。

新的五年规划已经描就。今年，三亚围绕拓展城市发展空间，强化产业打造，强力推进重点项目建设，经济实现了平稳较快增长，预计全年可实现生产总值287亿元，地方财政一般预算收入可达50亿元，为"十二五"起好了步子。

作为海南国际旅游岛建设的"样板城市",三亚不仅是中国的三亚,也是世界的三亚。"用更加高远的眼光谋划未来,建设一个更加卓越更加和谐的三亚。"三亚人再一次亮出了雄心壮志,站在中国城市的制高点,将"三亚号"进一步拉进世界舞台的中心,准备唱响另一曲更加激昂的"天涯飞歌"。

《海南日报》2011年12月10日

(记者 吴清雄 吴钟斌)

附录六　三亚17年执着创卫　成海南第一个国家卫生城市

全国爱卫会正式命名三亚为"国家卫生城市",令为之努力了17年的三亚人欢欣鼓舞。

这是一条漫长的艰辛执着之路,充分演绎了"极力争取"的城市精神。它,结束了海南没有国家卫生城市的历史。它,承载了太多的艰辛和付出,也最终实现了一个跨世纪的梦想与期盼。

17年艰辛执着,终摘金字大奖

1992年,升格为地级市的三亚第一届市委明确提出——创建国家卫生城市,迈出了创卫的第一步。

"从1992年起,三亚创卫走过了17年漫漫长路,先后经历了5届市委,6任书记、5任市长。"现年70多岁的三亚市爱卫办原主任云建忠记得非常清楚,这些年来,虽然市领导班子换了一届又一届,但三亚创卫目标没变,脚步没停。

在当年市政府为民办的十件大事中，有6项与环卫有关。此后4年间，三亚持续进行系列环境综合整治，大力推进城市基础设施建设，完成了亚龙湾广场和凤凰机场等一大批基础设施工程。

"三亚大规模的城市建设和城市档次的提高，是从处置烂尾楼开始的。"三亚市爱卫办主任张作壮说。曾经大量存在的"烂尾楼"不但严重影响了三亚城市景观，也极大阻碍着创卫进程。2000年10月，三亚发出全省第一份"炸楼"公告，震惊全省乃至全国。同时提出"美化、绿化、亮化"目标，新建了多处城市广场和绿地，掀起一轮大规模城市建设浪潮。

梳妆打扮后的鹿城愈发动人，摘得了"国家优秀旅游城市""国家园林城市""全国卫生先进城市"等十几项荣誉。

2003年，为迎接首次进入中国的第53届世界小姐总决赛，三亚大张旗鼓"为美丽而建设"，实施了包括城市环境综合治理在内的七大"美丽工程"，集中治理脏乱差，完善服务功能，提升服务质量，创造更加优美的城市环境。

2006年初，新一届市委班子接过了创卫之棒。近4年来，三亚坚持不懈，积极进取，在果断搬迁影响环境质量的"头号杀手"——天涯水泥厂的同时，投入巨资大规模建设基础设施，加强和完善地下管网建设，扩大污水处理覆盖面及处理水平，新建现代化的垃圾填埋场，进一步提升城市卫生基础设施的建设水平，创卫工作取得突破性进展。

17年来，三亚创卫数次延迟或没通过"大考"，但屡战屡败，屡败屡战。2007年7月15日，由省向全国爱卫办提出三亚创建国家卫生城市的申请，再一次开始"冲刺之路"。今年，凭借建设国际旅游岛开展环境整治大行动的强劲东风，三亚最终成功完成了这一历史使命。

党政矢志不移，环卫面貌大飞跃

三亚这些年来不懈努力没有白费，城市面貌变化有目共睹。

在考核鉴定情况反馈会上，考核鉴定组组长、上海市爱卫会副主任李忠阳说，三亚之行感受非常深，不仅是来考核鉴定三亚创卫，更是来学习三亚创卫坚持不懈、持之以恒的精神。

2007年，轰动一时的天涯海角"2.25"强卖事件后，三亚发起"双提高大行动"，以整治改善交通和卫生状况为突破口，全面提高城市旅游服务水平和管理水平，开始摸索建立长效机制。

近年来，三亚投资大大向环卫硬件设施倾斜。2007年，斥资2亿多元加快垃圾污水处理项目建设，对红纱污水处理厂进行升级改造，并新建多处污水处理厂。同时，关闭了原来濒临市区的田独垃圾填埋场，在远离市区之地新建了一座日处理500吨的现代化垃圾填埋场。

一系列大型环卫工程投入使用，使得三亚创卫上了一个大台阶，城市污水处理率提高到90%，生活垃圾无害化处理率达到100%。无疑，这是一个质的飞跃。

金山银山不如绿水青山。2007年8月29日，冒烟31年的华盛天涯水泥厂被爆破拆除。三亚因此每年减少了近2000万元的税收，但市区的粉尘排放量也减少了80%。在三亚市第五次党代会上，省委常委、三亚市委书记江泽林指出："在城市规划建设中，一定要坚持环境优先的原则。"

今年自全省开展环境卫生大整治以来，三亚制定了详细的实施细则，尝试建立集"监督、问责、整改"三位一体的环卫综治新模式，将全市2区6镇划分成60个片区，并明确片区责任人，市委、市政府主要负责人分别与各职能部门及片区责任人签订责任状。同时，聘请50名监督员评估责任片区，排名倒数后三名的片区，包点领导与责任人须通过媒体检讨。

态度之坚决，措施之到位，在全市干部群众中引起了巨大反响，三亚城乡面貌得以明显改善。

众志成城，创卫意识深植民心

一个拥有50多万常住人口的城市要创建国家卫生城市，只有党委与政府的持续推进，而没有市民的支持是不可能成功的。

一份三亚市委的正式文件这样表述：创卫事关人民群众的切身利益，事关三亚的形象，事关三亚的长远发展，是一项全局性的重要工作，创卫绝不仅仅是为了拿一块牌子。

可以说，三亚将创卫提高到抓经济发展的高度来认识，把创卫放在改善民生的高度来看待，尽可能发动民间力量，将创卫意识深深地植入了百姓心中，也激发出民间的无穷动力与实际行动。

我们看到，群众社区数名"环卫老太太"手拎着铜锣，高举"社区是我家，卫生靠大家，不讲卫生可耻"的牌子在社区大街小巷巡逻。商铺"门前三包"不到位的，便立即劝说清理，直到改正为止。

我们看到，一些基层组织联合志愿者联盟在网络上开辟专门版块，发动网民举报卫生死角，并承诺24小时之内解决。

我们看到，一些社区采取1位党员带3户群众的做法，发动社区群众形成多支监督队，从根本上改变了社区脏乱差的面貌。

我们看到，志愿者共同组织"志愿者联盟——周末义务劳动日"活动，每周末数百名志愿者自发到海滩、广场、社区整治卫生。

我们看到，"蓝丝带"海洋保护协会和各酒店企业组成庞大的队伍，定期或不定期清理整治沙滩。

我们还看到，潜水企业联合会组织13家会员单位，联合清除海底垃圾，呼吁市民游客提高海洋环保意识，共同保护海洋资源……

三亚创卫"大考"时，国家组考核了市区最大的城口村——常住人口4万的月川村。李忠阳对此感受颇深：亲自询问了10位市民，都知道三亚在创卫，创卫能给自己的工作、生活带来好处，老百姓发动起来了，参与了，让人很感动。她说，"有些地方虽然旧，但不乱，虽然穷，但很整洁。这能让人看到希望，创卫就是要达到这个目的。"

创卫没有终点，三亚任重道远

最近 5 年，三亚累计投入 18.46 亿元创卫，狠抓市容环境卫生、公共场所、生活饮用水卫生、食品卫生、健康教育、传染病防治、病媒生物防治等，全市公共卫生水平迈上了一个新台阶。

17 年执着创卫，从大街到小巷，从城中村到城乡结合部，从农贸市场到"五小"行业，从交通主干道到公共区域，从大楼小院到居民社区，三亚创卫不断向纵深延伸。创卫，让三亚人分享到喜悦，也提高了市民素质。

创建国家卫生城市是一项系统民生工程，标准共有 10 个大项，674 个小项，1000 多个考核点。三亚市副市长郭保红说，这充分体现了以人为本的科学发展观，对照国家标准，10 个大项三亚基本达标，但在城市细节等一些小的考核点上，还需继续努力。

经过 20 多年的开发建设，三亚已从一个边陲小镇发展成为一个国际知名的热带滨海旅游城市。但三亚清醒地认识到——创卫只有起点，没有终点。

三亚是全省首个国家卫生城市，三亚又是海南国际旅游岛的桥头堡。江泽林表示，将进一步增强责任感和紧迫感，深入持久开展环境卫生综合整治活动,做到创卫热度不降,力度不减,使三亚成为环境优美、整洁宜居、生态良好、平安和谐的健康城市。

《三亚日报》2009年10月18日

(记者 吴钟斌 王红卫 卓上雄)

附录七　西咸新区三年强基础创新城市发展方式

2014年1月，国务院批复设立陕西西咸新区，作为首个以"创新城市发展方式"为主题的国家级新区，国务院赋予西咸新区建设"丝绸之路经济带重要支点、我国向西开放重要枢纽、西部大开发新引擎和中国特色新型城镇化范例"的重大战略任务，标志着西咸新区进入了新的发展阶段，迎来了新的发展机遇。

西咸新区管委会自2011年6月正式组建以来，按照省委、省政府要求，在西安、咸阳两市和省级部门的大力支持下，坚守规划，开拓创新，以项目建设为载体，创新城市发展方式，建设现代田园城市，走新型城镇化道路，迈出了坚实的步伐。目前城市骨架基本拉开，生态环境明显改善，招商引资成效显著，新兴产业集聚发展，"核心板块支撑、快捷交通连接、优美小镇点缀、都市农业衬托"的现代田园城市格局初步形成，实现了新区发展的阶段性目标。

一 厘清了新区定位和发展理念，明确了新区发展形态

省委、省政府主要领导主导西咸新区发展战略研究。赵乐际同志指出"建设新城市、发展新产业、形成新业态，保护历史文化、保护生态环境、保护农民利益"，确立了西咸新区不是一般的开发区，而是新城市的定位。赵正永同志提出"创新城市发展方式"、"城市要有明确的边界"，建设"核心板块支撑、快捷交通连接、优美小镇点缀、都市农业衬托"的现代田园城市，确立了西咸新区规划建设的核心概念。娄勤俭同志强调西咸新区发展要整体规划，集约、集群、集成发展产业，并对交通、水系建设都作出明确指示。全国政协、国务院研究室和国家发改委参与西咸新区发展战略研究，形成了创新城市发展方式的思路和重点。我们在深入学习省委、省政府基本思路的基础上，提出了西咸新区"大开大合"的现代田园城市建设理念，将城市现代化公共服务与优美田园风光合二为一，同时实现人口承载和集约用地两个目标，强调要坚守现代城市规划、现代产业体系、生态保护、文化传承、产城一体、城乡一体等重要理念。

在城市发展形态上，遵循自然山水格局、遵循历史文脉、遵循现代规划理念，建设现代田园城市，提出构建特大城市、中等组团城市、小城镇和自然村落组成的点状布局市镇体系。明确将境内145平方公里的大遗址历史文化保护区和渭河、泾河、沣河建成生态景观廊道，组团间楔形绿地分隔。市镇

各有明确的边界，市镇周边是法定的永久农田，发展现代都市农业，同时也是城市的生态功能区，从而形成"开敞田园、紧凑城市"的"大开大合"空间布局，使城市核心区与周边现代农业、河流、绿地相得益彰，让城市融入大自然，让居民望得见山、看得见水、记得住乡愁。目前现代田园城市的格局已具雏形，太平优美小镇、崇文重点镇等形象初显，西咸新区成为全国首批55个生态文明先行示范区之一。

二 基本形成了以总体规划为统领的规划体系

在《西咸新区总体规划》的统领下，先后编制了田园城市总体城市设计、田园生态景观、城乡统筹、公共服务设施布局、市政设施等13项专项规划。制定了西咸新区现代田园城市建设标准和城市规划管理技术规定、控制性详规编制技术管理规定等，完成了重点片区的概念规划、控制性详细规划及城市设计。开展了西咸新区现代田园城市市镇体系、优美小镇、轨道交通、关中城市群核心区总体规划方案等专题研究。守住规划，规范分区规划的调整程序，推进控制性详细规划的全覆盖。建立西咸新区规划专题会议制度，对新区内重大城乡规划建设问题进行研究决策。渭河以南的沣东、沣西新城，处于西安、咸阳主城区边缘，在规划控制上强调通过河流、遗址、道路绿化、生态廊道强化城市边界；渭河以北的空港、秦汉、泾河新城，主要是新开发区域，严格执行"核心板块、快捷干道、优美小镇、都市农业"的现代田园城市规划要求，构建大开大合的城市格局。

三 建立了加快新区开发建设的基本政策体系

为加快新区建设，省委、省政府出台了一系列政策措施。2011年，新区管委会成立之初，省政府出台了《陕西省政府关于加快西咸新区发展若干政策》（陕政发〔2011〕46号）《陕西省政府办公厅关于规范西咸新区规划范围内建设项目管理的通知》（陕政办发明电〔2011〕41号）。2014年1月新区获批国家级新区，为贯彻落实国务院批复精神，省委常委组织集体调研，召开专题会议，研究出台了《陕西省委省政府关于加快西咸新区发展的若干意见》（陕发〔2014〕10号），进一步明确了国家赋予新区的战略定位和重要任务，理顺了新区的体制机制，为新区加快发展注入了强劲动力，提供了坚强保障。同时，《陕西西咸新区条例》的立法工作，建立西咸新区省部际联席会议制度等正在积极推进。

新区管委会研究制定了《西咸新区投资优惠政策》（2011年10月21日）"33条"，以及《陕西省西咸新区信息产业园投资优惠政策（试行）》（陕西咸发〔2014〕85号）《西咸新区丝路经济带能源金贸中心园区优惠政策》（陕西咸发〔2014〕35号）等专业园区的差异化支持政策和土地、金融、财税、城乡统筹等专项政策。为规范招商引资项目管理，完善招商引资风险防控机制，制定了《西咸新区招商引资项目退出机制（试行）》《西咸新区重大招商引资项目考评办法

（试行）》。推动国家开发银行出台了《关于支持陕西西咸新区发展的意见》，是国开行总行第一次对我省专项出台的信贷支持政策。

四 "基础设施、产业体系、社会事业和生态文明"四位一体，同步推进

一是基础设施建设先行。对接西安、咸阳的"五路四桥"全面开工，截至2014年底全区已有351公里的道路建成通车（其中，秦汉大道一期、沣泾大道泾河新城段建成通车，正阳大道泾河段基本完成，红光大道、富裕路沣东新城段主车道贯通，富裕路跨沣河桥主体工程完工；自贸大道、三桥新街、石化大道、白马河路等一批组团路网建成通车）。各新城核心区域骨干路网框架基本成形。加快建设空港立体综合交通枢纽，打造国家航空城实验区。

二是新兴产业集聚发展。空港新城西部飞机维修基地、新加坡普洛斯航港基地、圆通西北转运中心、新地物流园等项目加快推进，西咸空港保税物流中心项目即将运营。沣东新城大力推进统筹科技资源改革示范基地、三桥商圈、六村堡工业园、中俄丝绸之路高科技产业园等重点板块建设，瑞典宜家家居、华润万象城、保利城市综合体、新加坡普洛斯、菜鸟网络西北核心节点项目等加快推进。秦汉新城引进第四军医大学医教研综合园区、惠普数字创意文化产业基地等项目，大力发展医疗健康、文化旅游等产业。沣西新城致力于

打造新一代、升级版的科技园区,在国内首个举起"大数据"旗帜,引进电信、联通、移动、广电"四大运营商"数据中心、全国人口数据备份(西安)中心和国家林业局、测绘局等数据中心项目,建设国家政务资源后台处理与备份中心、国家级大数据处理中心,全国规模最大、产业链最完整的微软创新中心等5大项目投入运营。泾河新城重点发展新能源新材料和高端装备制造业,引进了华晨集团特种车生产基地、国家地理信息产业园等一批重大项目,秦龙现代生态智能创意农业园一期部分建成,乐华欢乐世界项目即将开园。

三是社会事业同步配套。2014年4月,习近平总书记和中央军委批准第四军医大学基本部署调整至西咸新区,四医大新校区项目开工。西咸国际文教园区香港耀华国际中学奠基。北京之外的第一个清华大学附中——秦汉清华附中建成开学。位于秦汉新城的咸阳博物院已完成投资1.8亿元。西咸新区累计建成保障房2.8万套,完成投资88.2亿元。

四是生态环境明显提升。投资20多亿元治理渭河、沣河、泾河,18公里渭河综合治理秦汉段完工,渭河北岸湿地公园和沣河湿地公园建成开放。结合西汉帝陵大遗址保护,在五陵塬形成林地5000亩,成为大西安重要的生态补偿区。空港唐顺陵遗址生态园林、萧何曹参遗址园林开园。作为"引汉济渭"节点工程和"八水润长安"的重点项目,规划10.4平方公里的斗门水库项目已于今年2月28日启动建设。沣西新城秦皇大道、绿廊和秦汉新城渭河生态景观带入选

"全国城市步行和自行车交通系统示范项目"。

从 2011 年 6 月至 2014 年 6 月底，3 年间西咸新区累计完成全社会固定资产投资 2095 亿元，招商引资内资到位资金 393 亿元，发展态势好于预期。

五 确立了"五龙舞西咸"为基础的统分结合管理体制

西咸新区管委会自成立之初，即按照创新体制、权力下放的要求，赋予空港、沣东、秦汉、沣西、泾河五个新城不低于西安市各开发区的权限，各新城管委会作为开发建设主体，履行规划、项目、建设、土地管理等审批权限，全面负责新城开发建设工作。新区管委会按照省政府授权或委托，行使新区开发建设管理权，在发展战略、规划土地、宣传招商、财政融资、风险防控和干部人事等方面实施统一管理。两级管委会统分结合，各负其责，初步形成了"五龙舞西咸"的良好格局。

六 建立与西安、咸阳两市及省级部门的外部协商机制

与西安、咸阳两市建立了定期沟通协商机制，每年召开座谈会向两市通报工作进展，协商解决开发建设中的重大问题。2014 年制定了《西咸新区与西安市、咸阳市及省级有关部门沟通协调机制》，召开了 26 个省级部门参加的西咸新区建设工作联席会议，多层次的外部沟通协商机制逐步建立，"举全省之力建设西咸新区"的格局正在形成。

七 初步理顺土地、财政管理体制，投融资模式多元化

一是在国家级新区中率先完成跨多个行政区的土地利用规划调整编制，建立了建设用地报批电子政务平台，实行建设用地统一报批，成为全省第十二个计划指标单列的建设用地报批单位。进一步优化了土地利用结构和空间布局。签订耕地保护目标责任书，守住耕地红线。统一土地供应管理，规范土地市场健康有序发展。

二是逐步理顺西安、咸阳与西咸新区各新城及省级与西咸新区的财政体制关系。省财政厅、省国税局、省地税局和人民银行西安分行2013年1月联合下发了《关于咸阳市与西咸新区财政管理体制意见的通知》，明确在各新城建立一级财政、一级金库，划分咸阳市与各新城的工商税收分配比例，并就土地出让金收缴等问题达成一致意见。按照"谁举债、谁偿还"和"保基数、分增量"的原则，理顺省级及西安市、咸阳市与西咸新区财政收入分配关系，2015年1月建立新区管委会一级财政管理体制，设立国家金库西咸新区中心支库，形成了西咸新区"1+5"完整的国库服务体系；明确以2014年实际入库数为基数，从2015年起省级收入超基数部分全部留给西咸新区管委会，该政策暂定五年不变。

三是在不同阶段采用差异化的融资方式，拓宽融资渠道，创新融资模式。开发建设初期，土地储备中心尚未建立，新区通过灵活性较高的信托、私募基金、BT等方式，利用第三

方平台公司进行短期融资。随着新区财政体制的完善，各土地储备中心相继建立，实施以土地储备为担保的融资模式。通过对不同的开发项目整合包装成不同的金融产品，利用多种融资方式面向社会融资，形成多元化的投融资模式。成立西咸集团和各新城开发建设公司，组建西咸新区小额贷款公司和担保公司，入股我省新组建的秦农银行，参股陕西股权交易中心。建立储备土地融资、发债直接融资、争取国开行棚户区改造资金等多元化的投融资渠道。积极推动国开行出台专项支持新区发展的政策意见，承接国开行约 50 亿元棚户区改造贷款，形成来源稳定、融资成本较低的城市建设资金。2014 年沣西新城发行 12 亿元的企业债券用于西咸新区信息产业园建设，2015 年泾河新城发行 10 亿元的企业债券用于保障房建设，开启了由银行、信托贷款等金融机构间接融资向直接融资的新模式。

八　改革创新成效显著

推进新型城镇化。一是统筹城乡一体，推进户籍、土地、社会保障三项制度改革。为近 7000 名农民完成了户籍转换；加快土地制度改革，实行土地确权，试点成立土地流转中心，采取"产业主导、社会投资、市场运作"的方式，发展现代都市农业，同步推进优美小镇建设和村庄改造；推行统一标准的城乡养老保险制度，成立劳动力培训学校和就业创业服务中心，通过补偿商业用房、约定入区企业预留岗位给本地群众等方式解决农民长远生计。二是推进产城一体，以就业和城市功能为导向布局产业。空港新城以机场为核心布局飞机维修、物流、商务等项目，沣西信息产业园四大运营商数据中心可以解决近10万人的就业，沣东新城建设国际车城、华润万象城和宜家家居等，推进商贸等现代服务业发展。三是坚持生态优先，构建点状布局的现代田园城市市镇体系，为城市确定法定的永久边界。建立由特大城市、中等组团城市、小城镇和自然村落组成的点状布局市镇体系，把山川河流、大遗址保护区和农田作为"生态廊道"。四是探索城市建设的"西咸标准"，建设"海绵城市"。推广绿色建筑、低影响开发、综合管廊建设，得到社会各界广泛关注。五是创新工作方式，实施阳光和谐拆迁。在开发建设中尊重当地群众的主体地位，强调"不让老实人吃亏"的政策导向，工作程序公开透明、工作方法务实管用接地气，促进当地农民就地城镇化。三年多来，新区在征迁中无重大上访事件，其中空港新城、秦汉新城做到了零上访、零加盖。六是城镇化理论研究取得成效。西咸新区被上海浦东干部学院和延安干部学院确定为教学研究基地；中国人民大学与新区签订新型城镇化战略合作框架协议，共同开展重大理论和实践问题研究；泾河新城与省社科院联合成立了陕西丝路商旅文化发展研究基地。

构建开放型经济体制。一是出台负面清单。根据各区域的产业发展规划和发展特点，按照行业门类、大类推出了针对外商投资准入的"负面清单",努力营造透明、公开的投资环境。二是推进口岸建设。国家航空城实验区、西咸空港保税物流中心获批,建设"丝绸之路经济带航空枢纽"上升为国家战略。三是推进西咸新区丝路能源金融贸易中心建设,构建以能源交易为主体的金融体系,促进能源开发和金融创新有机融合,大力发展能源金融市场。四是推进中俄产业园建设。西咸新区与中俄投资基金合作建设的"中俄丝绸之路高科技产业园项目"于2014年10月在中俄两国总理第十九次定期会晤中正式签署合作备忘录。采取"一园两地"的方式在俄罗斯和西咸新区分别建设两个园区,中俄双方企业互到对方国家投资发展,实现互利互惠。

简政放权,创新行政审批制度改革。实行企业登记注册制度改革,建立跨部门审批管理机制和审批信息流转机制,制定"三证合一"登记制度工作方案。西部首家"商务秘书服务公司"在沣东新城科统区成立,为创业者提供"拎包入驻"式服务。启动西咸新区网络安全和信息化建设工作,通过新区电子政务智慧平台,服务行政审批制度改革,实现工商、税务、质监等机构由串联式审批变为并联式协同审批。

国家级品牌建设取得新进展。西咸新区获得国务院批复,成为首个以创新城市发展方式为主题的国家级新区之后,2014年2月,国家发改委印发了《陕西西咸新区总体方案》,进一步明确了西咸新区的主要任务和政策。2014年3月,沣西新城被国家发改委、工信部批准为国家级云计算服务创新发展试点示范。2014年5月，空港新城获批国家航空城实验区。2014年6月，西咸新区成为全国首批生态文明先行示范区。2014年10月，我省唯一的临空型海关特殊监管区——西咸空港保税物流中心获得海关总署等四部委联合批复，张高丽副总理实地考察了该项目。2014年10月，中俄丝绸之路高科技产业园项目落户西咸新区。2014年12月，沣东现代都市农业示范基地被国家旅游局认定为我省四个"全国休闲农业与乡村旅游示范点"之一。2015年1月，泾河新城获批国家级现代农业示范区。

经过三年多的开发建设，西咸新区取得了较好的成绩，但也存在着一些亟待解决的问题。主要表现在：

一是对建设"新城市"认识还不够深化，体现省委、省政府的战略意图还不够，在开发建设过程中，对接西安、咸阳两市的"五路四桥"工程推进较慢，西安咸阳国际机场作为丝绸之路空中起点、作为关中城市群综合交通枢纽的地位还没有完全凸显出来，现代田园城市理念还没有充分彰显。

二是以西安、咸阳、西咸新区为主体的关中城市群核心区规划研究不够深入，系统性、整体性考虑不足，西安、咸阳和西咸新区三个构成板块的协调机制没有完全建立，尚未形成"一盘棋"的格局。

三是虽然在国家层面提出了给予西咸新区"创新城市发展方式先行先试权、财税金融支持、重大产业优先布局"等，但缺乏针对性、操作性强的措施，政策难以落地。

四是确立了新区、新城两级管委会"分灶吃饭、权力下放"的基本原则，但对两级行政审批和管理的权责体系尚未进行明确的划分和梳理，在重大项目研究论证、土地和规划管理、招商引资和投融资平台等方面缺乏统分结合的有效机制；西咸集团和五个新城集团功能定位尚不清晰，经营模式创新不够。

五是在原有土地财政、土地金融推动城市建设的传统模式难以为继的新形势下，新区开发建设亟待建立多元化可持续的城镇化投融资机制。

六是对国家赋予西咸新区建设的重大战略任务的理解还不够深入，落实任务的路径和措施还有待深化，新型城镇化、丝绸之路经济带重要支点、传承历史文化等重大课题系统研究不够。

七是聚焦主题、特色鲜明的大型宣传报道少，在中央级媒体上推广西咸新区核心概念还很不够，对外宣传需进一步发挥主渠道作用。

八是西咸新区管委会组织机构还不健全，土地出让、规划调整、重大项目布局等决策制度不够完善，干部人事制度的建立和管理，以及与有关部门对接做得还不到位。

当前，中国经济发展进入新常态，机遇与挑战并存，西咸新区经过三年的谋篇、布局、蓄势，打下了良好基础，面对新的形势，西咸新区要审时度势，在经济增长方式转变和经济结构调整中，以改革创新为动力，抢占先机，主动作为，采取有力措施，认真落实国家赋予西咸新区的重大战略任务，着力提高经济发展质量和效益，推动新区开发建设更好更快发展。

（一）深化国家级新区建设战略认识，统筹关中城市群核心区规划

充分认识国务院批复设立西咸新区是国家深入推进西部大开发、扩大向西开放、建设丝绸之路经济带、推进新型城镇化的重大战略举措，是国家赋予陕西的重大战略任务，是陕西发展的重大战略机遇。要以战略眼光、创新思维和全局意识，按照建设新城市的要求，统一规划建设关中城市群核心区，将西安、咸阳、西咸新区作为建设的核心主体，充分考虑关中城市群核心区规划的系统性、整体性，加快资源布局，明确功能分工，推动区域主体融合发展。依托西安咸阳国际机场，打造关中城市群综合交通枢纽，建设以航空、高速公路、轨道交通等为主的立体化综合交通系统，并联西安、咸阳。

（二）认真贯彻落实中、省政策，形成新区建设合力

全面贯彻落实国务院《批复》、国家发改委《总体方案》和陕西省委、省政府《关于加快西咸新区发展的若干意见》文件精神，从新区实际出发，以改革创新的精神，破解制约新区发展的深层次问题，在行政管理体制、城乡社会统筹等方面先行先试，深化改革、简政放权。全省上下要切实把思想和行动统一到党中央、国务院的决策部署上来，凝聚各方力量，相互

协作，形成发展合力，高水平地推进新区建设，高标准地做好各项工作，举全省之力加快西咸新区发展。

（三）进一步理顺新区管理体制，健全对外沟通协调机制

进一步理顺新区管理体制，充分授予西咸新区项目建设、规划、土地、建设、环保等省级部门经济管理权限和相应的设区市一级的经济管理权限，明确由西咸新区管委会统一负责办理、颁发土地证和房产证。探索与西咸新区发展阶段相适应的行政管理体制，逐步对区内街镇实行行政托管。强化社会管理职能，在西咸新区成立公安派出机构，统一协调西安、咸阳两市在各新城设立的公安分局。形成与西安、咸阳两市及省直有关部门定时间、分层次的协调机制，及时对接沟通、协调解决有关问题。建立西咸新区省部际联席会议制度。

（四）坚持统分结合，规范新区内部两级管理

梳理西咸新区和各新城两级管委会的权力清单，明确管理主体责任、开发主体任务边界，形成统分结合、责权对等、高效运转的内部管理体制。按照大部制、市场综合监管和精简效能的原则，根据不同的发展阶段，对两级管委会内设机构实行阶段性总量控制。研究确定西咸集团和各新城集团的功能定位、经营体制，形成以资本为纽带、互为支撑的市场化平台，发挥西咸新区大品牌、大平台的优势，为各新城做大做强市场化载体创造条件。

（五）集约节约利用土地，完善新区财政体制

按照中、省建设用地报批的相关规定和西咸新区总体部

署,统一土地供应管理,规范建设用地报批,严格用地准入门槛,明确各类建设项目的投资强度、建设强度以及产出强度,建立规范健康有序的土地市场。加大对土地违法查处力度,做到"防范在先、发现及时、制止有效、查处到位",确保各项土地管理制度落到实处。按照"谁举债、谁偿还"和"保基数、分增量"的原则,进一步理顺省级与西咸新区和西安、咸阳与各新城的财政收入分配关系,建立新区管委会财政管理体制,设立相应的新区本级金库。

(六)积极探索建立多元化、可持续的投融资机制

按照公益性、功能性及经营性的项目分类,制定差别化的投融资方案。鼓励采取发行企业债券、中期票据、保险信托计划等多种融资方式筹集建设资金,降低融资成本。建立省财政和新区管委会对西咸集团注册资本的共同补充出资机制。以资源、科技、金融互为支撑,通过资源增信、证券化等方式支持西咸新区发展。不断创新投融资机制,拓宽融资来源渠道,对社会保障、公共服务、基础设施建设资金需求进行多元化融资,鼓励社会资本参与城市公共设施投资运营,建立规范化、制度化、市场化的公私合作项目运行机制,引导各类市场主体采用BOT、TOT、PPP等投融资方式参与新区建设。

(七)深入进行系统性战略研究,认真做好对外宣传工作

发挥西咸研究院智力支撑力量,加强与西安交通大学、中国浦东干部学院、中国延安干部学院、中国人民大学新型城镇化协同创新中心的研究合作,加大对推进新型城镇化、建设丝

绸之路经济带重要支点、传承历史文化等重大课题的系统性研究，深入研究西咸新区开发建设管理中的重大问题，增强指导工作的前瞻性和科学性。积极与中央和省级主要媒体开展长期性、深层次战略合作，建立稳定的合作机制，聚焦开发建设主题，宣传报道西咸新区核心概念，扩大对外影响力。

（八）加强新区干部队伍建设

努力创建学习型组织，开展系列专题讲座，不断提高全体干部学习能力、实践能力和创新能力。完善目标责任考核，建立考核结果与绩效工资挂钩机制，充分发挥考核的激励和约束作用。进一步加强党风廉政建设，改进工作作风，培养干部法治意识、廉洁意识，建设一支学习务实、和谐创新、勤政廉洁的干部队伍。

《陕西日报》2015年3月19日

（作者 江泽林）